JN070551

フランス人
女性に学ぶ

ストレスフリーの生き方

谷口恵津子
日仏芸術文化協会
理事長

楓書店

フランス人女性に学ぶ　ストレスフリーの生き方

まえがき　フランスからの贈り物

フランス人のおもてなしは、「え？　これだけ？」

フランス人は物事をはっきり言い、自分の思ったとおりに行動します。

フランス人の友人に、日本のお正月を経験したいから元日に家へ招待してほしいと言われたことがありました。私は、新年は家族で穏やかに迎えるものだと思っていて、親戚ですら会うのは1月2日以降にしていました。そのため元日に外国人のお客様を自宅に迎えることに躊躇があり、一度はお断りしました。

しかし友人はどうしてもと引き下がらず、根負けして夫の了承を得てお迎えすることにしたのです。ご夫妻と息子さんの3人が来られる予定で準備を進めていたところ、12月に入って、パリから来る娘も一緒に行っていいかと言われ、さらに後日、娘のフィアンセも来るからと、日に日にゲストが膨れ上がっていきました。

私は今さらノーと言えず、主人、息子、実家の母にそのフランスの家族を加えた9名のお正月料理を、すべてひとりで準備することになりました。せっかくの機会なので、彼らに日本の伝統文化を伝えたい気持ちもあり、フランス語での説明を事前に調べたりして、お迎えする前からすっかり疲れ果ててしまいました。

しかし、そのかいあって「2回の赴任で日本にはもう7年にいるけど、これまで誰もお正月に招待してくれなかった。こんなおもてなしは初めてで、本当にすばらしかったし、日本の文化を経験できてうれしい」と、全員大変喜んでくれました。

2年後、今度は私がフランスに行った際、彼女たちの家に招かれました。その時出された料理に唖然としました。食事はなんとスープとチーズだけだったのです。彼女いわく、「私たちは今、ダイエット中だから」とのこと。

私は自分があれだけ尽くしたのだから、当然それなりの料理を準備してくれるだろうと勝手に期待していたのです。しかしフランス人は海外からゲストが来ようといつもどおり自分たちのペースを崩さず、普段の生活の中に相手を迎え入れるのです。それがフランス流のもてなしだとあとからわかりました。

そのフランス人の女性は、私が無理をしてもてなしているとは思っていなかったのでしょう。もし彼女が私の立場だったら、いくら頼まれようと自分にストレスがかかることははっきり断っていたでしょう。

そもそも彼女のほうから「パリに来るなら、うちに泊まってね。十六区のアパートを借りたの」と言ってくれていたのです。そして私は、いろいろお世話になるので、お土産を用意するため、「日本で何か欲しいものはある?」と尋ねました。すると次から次へとリクエストをされたので、私は律儀に、言われたものすべてを揃えました。

そのお土産があまりに多かったので、空港でチェックインする際に6万円の追加料金をとられました。日本人である私は、もちろんそのことを相手に伝えはしません。

友人宅に着いて、ゆっくり部屋で荷物を整理しようと思ったら、私のための部屋は用意されていませんでした。結局、私の寝床はリビングのソファーだったのです。

お土産の買い出しに走り回ったり、ソファーに寝るぐらいだったら、ホテルに泊まったほうがよっぽど気が楽だったなと、正直思ってしまいました。

しかし、これこそがフランス流なのです。フランス人には本音と建前がありません。

「何か欲しいものがないか？」と聞かれたから、思いつくままに言っただけのこと。それに、私がまさか全部買ってくるとは思ってもいなかったでしょう。フランス人はお金にシビアなので、さほど期待もしていなかったはずです。考えてみると、私自身が見栄を張ってしまっていたのかもしれません。

このようにフランス人は裏表なくいつも同じ姿勢なので、ストレスがないのです。自分を犠牲にすることはありませんが、自分がやりたいと思えば相手のために行動するでしょう。そして、相手に断られても、根に持つこともありません。実際にそのあとも彼女はコルシカ島の別荘にも招待してくれて、ご両親にも紹介してくれました。

私は長い間フランス人と接することで、次第に彼らの考え方が理解できるようになりました。そしていつのまにか、フランス人の価値観とストレスのない生き方に魅せられてしまったのです。日本人のように内と外を分けず、遠慮することも、迎合することも、まわりの価値観に合わせることもないフランス人の生き方を、心から「かっこいい」と思うようになったのです。

さらに、フランスの芸術やファッション、日本にはない独自の恋愛観や人生の楽しみ方にも、興味を引かれました。

ストレスフリーな生き方とは？

私がこの本で読者のみなさんに伝えたいのは、「自分に素直に生きてほしい」ということです。自分は自分であり、他人に惑わされる必要はありません。本音を言うのは怖い、かえって精神的によくないのでは、多くの日本人はそう考えるでしょう。私も典型的な日本人だったので、以前はそう考えていました。しかしある時からフランス人に倣《なら》い、意を決して思っていることを口に出し、思うままに行動するように生き方を変えてみました。これが実に快適だったのです。

ストレスのない生き方とは、自分で描いた設計図どおりに人生を歩くことです。途中で変更する場合も、あくまで自分の意志であるべきです。

やりたいと思ったことはすぐに実行する。今すぐできなくても必ず実行する。

自分の感性に従って行動する。理性より感情を優先させる。

そして、自分の美意識を大切にする。「自分ファースト」でいいのです。

すると、必ず新たな世界が開けてきます。ストレスのない自由な世界が。


私が日仏芸術文化協会を作ったのは1998年9月30日です。

最初の10年は、フランスと日本のアーティストを招き、コンサートや絵画展を企画しました。また、講演会も多数開催し、当時シャネルの社長だったリシャール・コラス氏や、『日本人なら知っておきたい江戸しぐさ』著者の越川禮子さん、バイオリニストの葉加瀬太郎さん、フランスの国立管弦学団の首席クラリネット奏者やハープニスト、フランス大使館から紹介を受けたピアニストなど、数えきれないほどのアーティストを招くことができました。昼は地域の子どもたちのために、夜は大人たちのために、音楽と絵画の芸術啓蒙を行ってきました。

10年ほど前からは、ＡＩ化の波を見越して、「日仏ロボットデザイン大賞」を立ち上げました。そのあと、予想どおりロボティクスの活用が急速に進み、私の活動も脚光を浴び始めました。

誰もがうらやむ、カンヌ映画祭のレッドカーペットを歩いたことも何度もあります。

このように書くと、私はさぞかしインテリで、キャリアがあり、才能に恵まれ、強い意志を持った女性と思われることでしょう。しかし現実はまったく正反対で、私はどこにでもいるごく普通の主婦なのです。

私がまわりの日本人女性と異なるのは、たったひとつのことだけです。それは、フランス人の価値観を知ったことです。その価値観のもとに、日々生活しているだけなのです。

私がフランス人に認められ、フランス社会の中である程度のポジションを築けたのは、フランス的な生き方を実践してきたからだと思います。逆に言えば、フランスの人たちが、私の中にある「私らしさ」を引き出してくれたのです。

22歳で初めてフランスへ行った時の、ホームステイ先のニースの浜辺での出来事を思い出します。

地中海の美しい海水を手ですくって、その水が指のあいだから落ちていくのを見ながら、なぜだか涙が出てきました。異国の地でひとり寂しく泣いていたわけではありません。変わっていく自分、成長しつつある自分を心底感じたからです。コンプレックスばかりだった自分は、手から溢れる海水のように溶けて、いなくなっていたことに気づいたからです。「この世界に生まれてきてよかった。お母さん、私を産んでくれてありがとう」と初めてそう思えました。

あの時、ようやく私は「本当の自分と出会った」のかもしれないと思っています。

あの体験をぜひ、みなさんにも味わっていただきたい。

私は、この本を通じてフランス流の自分らしさの見つけ方をお伝えしたいと思います。単に表面的な言動やファッションを真似よう、ということではありません。フランスという新しい鏡に映すことで、見えていなかった自分自身を発見してみませんか？　という提案です。

何かを変えたいけど、どうしたらいいかわからない。そんな方々にこの本を読んでいただきたいのです。

もちろん、日本の社会や文化にもすばらしい面がたくさんあります。私はフランス人と接することで、日本の価値、日本女性に備わる魅力に改めて気づくことができました。実は日本のよさを最も深く理解してくれているのがフランス人である、と私は考えています。日本の美意識に魅せられたフランス人アーティストは多数存在します。日本のいいところも、フランスの素敵なところも、上手に取り入れられればすばらしい人生が開けてくるはずです。

この本を読んで意識に変化が生まれ、みなさんがストレスフリーな人生を楽しめるようになることを願っています。

Contents

Chapter 3　人前でもキスをしないと不機嫌になる（恋愛）

CHAPTER 1

「行きたくない」と思ったら
ドタキャンする（自由）

フランス人女性にストレスなし

日本に長く住んでいる知り合いのフランス人男性は、「日本人女性はストレスを抱えているように見える」と言います。なぜなら日本人女性は自分が思ったり考えたりしたことをすぐに口にしないからだそうです。こんなことを言ったら恥ずかしい、これは言わないほうがいいかもしれないと、相手を意識して言葉をのみ込んでしまう。そこでストレスが生じてしまうのです。

フランス人女性は自分が思ったことをはっきり言い、行動します。意見が合わない時は、ディスカッションも厭《いと》いません。はたから見るとけんかしているように見えることもあります。しかし、お互い自分の本音を言い合っているためストレスがなく、ディスカッションのあとにわだかまりが残ることもありません。

友だちと旅行する時、それほど興味がない場所でも、相手に流されて一緒に行ってしまう、というようなことはありがちでしょう。日本では、仕切ってくれる人や、年長者の意見に従う傾向がありますし、行きたくないと言うと和を乱すのでは、と考えてしまいます。

私も以前はそういうタイプでしたが、特にフランス人の友人には、はっきりと自分の希望を言うようにしています。「そこには行きたくない」と言えば、「どうして？」と聞かれますが、フランス人には自分と違う意見にも耳を傾ける姿勢があるので、話し合うことでお互い譲歩できる部分も出てきます。

たとえば、私が「集合時間が早すぎて困る」と主張したとしても、「この時間じゃないと電車に間に合わない」と言われれば、私が妥協すべきだし、逆の場合もあります。フランスでは上下関係があってもはっきり意見を言うので、後腐れがありません。

フランスでは、小さい時から自分の意見を言うように家で教育されます。子どもがある程度の年齢になったら、「あなたはどうしたいの？」と、親が子どもに意見を求めます。私も子育てをしましたが、日本では母親が子どもの気持ちを察して、勝手に動いてしまうことが多い気がします。子どものほうも、親に怒られるのがいやだから忖度《そんたく》して、親の指示に従うのではないでしょうか。

フランスの場合は、兄弟でも双子であっても、それぞれが持っている個性や感性を親が認識し、尊重します。子ども扱いせずに、ひとりの人間として扱うのです。家庭だけではなく、学校でも同様です。

日本には昔から言葉を介さずに相手を察する「以心伝心」の文化がありますが、フランスはいろいろなバックグラウンドを持った人たちが集まった国なので、はっきりものを言わなければ相手に伝わらないという側面もあります。特にパリは、人種も宗教も文化的背景もまったく異なる人たちが暮らすので、人はそれぞれ違うという個人意識が根づいています。

さて日本で暮らす私たちも同じ対応が可能なのでしょうか。フランスのようにはっきりと言いたいことをぶつけ合えばたしかにストレスはないのかもしれませんが、私たち日本人の気質に少し合わせる必要もあるでしょう。頭ごなしに否定されるのはたしかに気分がいいものではありません。そこで私は「そうですね、そういうこともありますよね」と、一度相手を認めて肯定してから、自分の意見を言うようにしています。これがフランスと日本のいいとこどり、ということなのです。

人に対して賛成か反対かではなく、物事を本質的に考えて、そこに対して意見を言えば、角が立ちませんし、自分の主張も伝わります。この方法はビジネスの場でも役立ち、私も活用しています。こうした議論ができるようになったのも、フランスのおかげかもしれません。

学生時代にカナダの英語学校にいた時、ディベート（討論）の授業がありました。私はその時のテーマに賛成の立場でしたが、先生には「反対の意見を自分で組み立てろ」と言われてとまどいました。日本では「起承転結を考えろ」とは言われても、あえて反対意見を求められることはなかったからです。

このように、フランスを含めた欧米では反論の訓練がなされています。みなさんは、外国人から強く主張されて、自分の意見を引っ込めてしまったという経験はないでしょうか？　しかし彼らは反対意見を考慮する訓練もしているので、相手の意見が真っ当であれば耳を傾けてくれるのです。だから特に欧米人相手には、自分の主張をはっきり伝えることが大事なのです。

勇気を出して、自分の本当の考えを口にしてみましょう。いきなりフランス人のようになんでも好きなことを言えるようにはなれないでしょうが、これまでは10のうち1しか言えなかったけれど、今日は3言ってみる。そんなふうに少しずつでも自分を主張できるようになると、ストレスが減っていくはずです。

まずはレストランで、「みんなと一緒でいい」と言わないことから始めましょう!

仕事があろうがなかろうが定時に必ず帰る

パリの郵便局で窓口に並んでいた時のことです。私のふたり前で窓口が閉まりました。時計を見ると、6時ちょうど。並んでいたのは私を含め数人でしたし、日本だったら定時になっても、その時点で並んでいる人たちには対応してくれるでしょう。しかしパリではお願いしてもまったくダメでした。

その時は、フランス人はなんて融通が利かないんだろうと腹立たしく思いました。しかし、定時より前に終わったわけではなく、定時に閉めたので、文句を言うことはできません。それに、並んでいる人に対応している間に、まだ大丈夫なんだとさらに列に加わる人が出てしまう可能性もあります。

フランス人は合理性を大切にします。人情をかけ、時間外なのに最後まで対応すれば、自分の時間を犠牲にすることになり、ストレスにつながります。かといって、中途半端にやれば対応しきれない人も出てきて、相手に不満が残ります。どうせ誰かが不満に思うなら、仕事の現場で人情をかけない。それが彼らの合理主義なのです。

仕事とプライベートをしっかり分ける、というのも彼らの基本的な考え方です。

日本人は今その時の情緒を大切にします。並んでいる人がいれば、かわいそうだなと思ってやってあげてしまう。日本人のよい部分でもあり、弱い部分でもあるのですが、時間や条件で割り切ることが私たちはあまり上手ではない気がします。

相手を思いやるのはよいことですが、規則の範囲外で自分が犠牲になる必要はないのです。定時に帰れば、その後のプライベートの時間を充実して過ごせます。家族、そして自分自身を思いやるという発想です。

時にはどうしても終わらせなければならない仕事もあるでしょう。でも、ずるずると明日でも大丈夫そうな仕事をして、デートに遅れたり、観たかった映画の冒頭を見逃したりすれば、不満が募ります。

プライベートな時間を楽しんで自身をリセットすれば、イライラを翌日に残さずにすみます。それも、明日のお客様や仕事仲間への思いやりと言えるのではないでしょうか。

「あなたが望めば(Si tu veux)」が最高の答え

人を飲みに誘いたい時、あなたはどんな言葉をかけますか?

「飲みにいこう」ではなく、「飲みにいかない?」と否定疑問文で誘うことが多いのではないでしょうか。これは、相手を尊重する日本的な表現です。相手を無理やり誘って連れ出すのではなく、遠慮の気持ちが含まれています。

フランス人の場合は、女性であっても、かなり積極的に、自分のペースで誘います。そして、言いたいことをすべて言ったあと、最後に「Si tu veux(シ・チュ・ヴ)」というフレーズを付け加えるのです。

これは「もしあなたがそうしたいならば」「あなたさえよければ」というニュアンスです。この表現の中に、フランス人の国民性が顕著に表れていると私は思います。相手を誘いたいという思いは明確に主張し、しかし相手の意思も尊重しているのです。日本ではほとんど使わない表現ではないでしょうか。

これまでさまざまなフランス人から、飲みのお誘いや食事に限らず、コンサートや美術館など、いろいろなシチュエーションでお誘いを受けました。そのたびに言われたのが、この「Si tu veux」という表現です。

誘いを受け、会話を続ける中で、私の心はどんどん盛り上がり、「一緒に行きたい!」という気になっているのに、最後の最後に「君次第なんだよ」「そうしたければそうして」と言われると、とたんに突き放されたようで、不安になってしまったものでした。

最初はこの感覚に慣れず、居心地が悪かったのですが、フランスで暮らすうちに、だんだんその真の意味がわかってきました。

「誘われたからついていくのではなく、自分の意思で行くと決める」

「すべての行動は、自分に責任がある」

つまり、フランス人には強い自己や意思がある半面、自由があり、責任もあり、何か起こったとしても自分で解決しなければならないという覚悟があるのです。

「Oui（ウィ＝私は行く）」と言った時点で、責任はすべて自分にのしかかります。誘った相手の責任ではなくなるということです。

たとえば、人に誘われたのがきっかけで行ったコンサートが面白くなくても、映画がつまらなくても、フランス人は誘ってくれた人のせいには絶対にしません。行くと言った自分自身の責任なのです。

こうして私は、意思決定の大切さに気づくことができました。

この「Si tu veux（シ・チュ・ヴ）」的な生き方は、フランスではすべてに通じる大原則です。

「Si tu veux」は「人生の主役はあなたであり、あなたの歩む道は、あなた自身が決めなければいけない」ということを表している、すばらしい言葉だと私は解釈しています。

ところが、昔の自分を振り返るとどうでしょうか？

デートの食事がおいしくなかったり、行列に並んで待たされたり、映画が退屈だったりした時、誘ってくれた男性の責任にしてしまうことがありました。

デートだけではなく、友だち同士でも同じです。

今度誰かの誘いを受けたら、自分の意思で行くんだということを、ぜひ意識してみてください。

期待していたものと違ったとしても、自分の責任だと思ったら、面白さを積極的に探すでしょうし、結果的に楽しめるかもしれません。

同じようなシーンで「Ça dépend de toi（サ・デポンド・トワ）」という表現を使うことがあります。これも、「Si tu veux」と同じように、「あなた次第」という意味です。

「行きたくない」と思ったらデートのドタキャンもあり

フランス人と日本人のデートでは、何が違うと思いますか？

日本人の多くは、デートを「週末」にしますが、フランス人は「いつでも」します。ただし、会社を休むようなことはしませんが。

そしてもうひとつ、日本もフランスも、デートをする時には時間と場所を決め、待ち合わせをしますが、ここで2国間の大きな違いがあります。それは、フランス人女性は、「今日はデートしたくない」と思えば、当日でもドタキャンするということです。

この本を書くに当たり、私は念のため、日仏芸術文化協会副理事長のアラン・ヴァクジアルさんに確かめてみました。

「ねえ、アラン、フランス人って、デートをドタキャンするよね？」

すると、アランからは「もちろん」と、あっさり答えが返ってきました。

やっぱり！

フランス人にとって、「乗り気じゃない」というのは立派な理由であり、「今日は楽しめそうにない」と思ったら、デートでも友だちとの約束でも、平気でドタキャンするのです。

日本人が約束をした場合、体の具合が多少悪くても、「相手に悪いから」「約束を守らなければ」という理由で、律儀にデートに向かいます。

一方、フランス人は基本的に「やりたくないことはやらない」のです。

行きたくない場所には行きません。

気分が乗らないとやりません。

「じゃあ、どうして約束したの？」と、アランさんに聞いてみたところ、「約束をした時は、行きたいと思ったからだよ！」とのこと。

「行きたくもないのに出かけていって、楽しめないでいることのほうが、相手に対して失礼だ」という発想なのです。

一理あるかもしれません。

日本人の場合、特に女性の多くは、多少体調が悪くても無理してデートに出かけ、デート中も相手のペースに合わせることで心身ともに疲れて、あとからふさぎ込んでしまうことがあると思います。

本心を隠す日本人に比べ、自分の心に正直なフランス人の生き方は、とても素直だと思いませんか?

フランス人の生き方はストレスがなさそうでうらやましいけれど、相手のことを思うとやっぱり断りにくいし、断り方を考えるほうがストレスになってしまう。そんな方も多いでしょう。

それでは、相手に嫌われない断り方はあるのでしょうか?

気分が乗らなくてデートを断る時、フランス人は相手にどのように伝えるのか。

堂々と「今日は行きたい気分ではないから」と伝える。それだけです。

断られたほうも、日本人のように気にすることはありません。「あ、そうなの。じゃ、またね」と言って、それで終わりです。根に持たれることはありません。

フランス人にとって、「断ること」=「悪いこと」ではないのです。

断ることによって、人間関係が壊れることもありません。

相手に対して、悪いとか、うしろめたいとか、あとで借りを返さなければ、という感情は一切ないのです。

日本人は感情がとてもウェットだと言われます。義理人情に厚いのはいいことでもありますが、それで自分を押し殺してしまうようでは、ストレスは溜まる一方です。

「自分の気分が一番大事」という感性を手に入れれば、生きていくのがとても楽になります。

こちらも人に断られた時、相手を勘ぐったり、根に持ったりしないように心がけたいですね。

日本でフランス流を貫く方法

フランス人女性のように思うままに自由にふるまえたらとても楽に生きられる――。そうお伝えしてきましたが、「日本社会では無理！」という声が聞こえてきそうです。

たしかに、そのとおり。

日本は同調圧力が強く、人と違うことを言ったり、行ったりしづらい社会です。国際的批判も高まり、少しずつ変わり始めてきてはいますが、年長者や権力者の意向を忖度する風潮がすぐになくなることはないでしょうし、若者や女性が自分の意見を貫くのはまだまだ容易ではないかもしれません。

では、私はどうしてきたか。

冒頭でも触れましたが、フランスと日本のいいとこどりをするのです。

まず相手の話を黙って聞く。議論好きのフランス人には消極的に見えるかもしれませんが、人の話を最後まで聞くというのは日本では礼儀だと思います。

そして、ただ漠然と聞くのではなく、仕事の案件であれば、それがどう始まって、今どういう状態にあるのかという背景について、目的がなんなのか、お金の流れはどうなっているかなど、話の内容を頭の中で整理します。

聞き終わったら、「ありがとうございました。おっしゃることはわかりました」と、相手に敬意を表すことが大切です。相手を一度認めることで余計な波風を立てずにすみます。

疑問点やわからないことがあれば、私は質問するようにしています。日本人は「質問がありますか」と聞かれても、遠慮して黙りがちです。でも、質問することで自分の思い込みや誤解が解消されることもありますし、会議などで多くの人が参加していれば、ほかの人の理解も深まることでしょう。

人と関わっていく上でもうひとつ大切なのは、ほかの人に負けないものをひとつだけでも身に着け、精進を続けることです。

自分の好きなこと、できること、ちょっとした趣味でもかまいません。どんな些細なことでも突き詰めていると、人々はそう簡単に無視しません。というより、できないのです。

こうした姿勢でいると、だんだん人から信頼されるようになります。続けることで、一目置かれ始めるのです。

社会とは不思議なもので、平均よりちょっと上の人は妬まれますが、突き抜けてしまうと尊敬されます。そうなった時に自分の思いを表現すると、ほとんど叶いますし、好感を持って受け入れてもらえるようになります。

いつだったか、小説家の佐藤愛子さんが雑誌で20代の読者からの質問にこう答えていました。

「自分にはなんの才能もなく、才能がある人がうらやましい」という相談に対して、「同じことを10年続けると、人はそれを才能と認めてくれる」と。

私の日仏芸術文化協会の活動も、決して順風満帆ではありませんでした。それでも10年、20年と続けるにつれて、出る杭を打とうとする人はだんだん消えていき、今はとても多くの応援者に支えられています。

これだけは譲れないという自分の「軸」を持つことが必要だと思います。心の中にある、自由な聖域のような場所です。フランス人はこうした自分だけの聖域を大切にしています。

自分の中の聖域が揺るぎないものになるまでは、我慢や葛藤もあるでしょう。でも、自分の考えや夢を持ち続けてください。それがなんなのか今はよくわからなくても、探し続けてください。多くの人は日常に流されてしまいますが、小さなことでも続けていれば、必ず天から贈り物が降ってきます。

自分で自分の聖域を大切にしてさえいれば、多少の我慢にストレスを感じることはなくなるはずです。

大げんかしても尾を引かない

大人になってから、友人と何回けんかをしましたか？　たいていの方は、数えるほどだと思います。特に周囲に人がいる状態でけんかすることはまれでしょう。

以前、ドイツの大きな製薬会社の日本支社長のお宅で、フランス人ほか16人が集まり、4人ずつ4つのテーブルに分かれブリッジというカードゲームをしたことがありました。途中でコーヒーブレイクがあり、私は洗面所に向かいました。部屋に戻ると、フランス人と、フランス語が堪能な帰国子女の日本人が、突如言い争いを始めたのです。まくしたてるような勢いで、両者ともなかなか引きません。その激しさにも圧倒されましたが、まわりがふたりを止めようともしないことにも驚きました。

自分の家ならまだしも、大勢のゲストのために女主人が素敵な銀器でお茶の用意をしてくださっているのに、そんなことはお構いなしです。このままではゲームの再開もできません。どうしよう……とおろおろしているうちに、けんかは終わりました。お互い言いたいことを言い合って、怒りが収まったようです。

「お騒がせしてごめんね」と、みんなに謝るのかなと思ったら、ふたりは何事もなかったかのようにそれぞれのテーブルに戻り、ゲームを再開しました。フランス人にとっては日常茶飯事なのかもしれませんが、思い切りぶつかり合ったあと、後腐れなく元に戻るという、見事なけんかっぷりに感心しました。

そして帰り際にほっぺたにビズ（挨拶のキス）すれば、もう仲直りです。

日本人同士だと、多少納得できないことがあっても、まわりの目が気になるので、なかなかけんかにまでは発展しません。人との衝突を極力避けて、上辺をとりつくろうことが大人のたしなみとされています。場の雰囲気を乱さないことが重要です。

しかしフランス人の場合は、まわりは関係ありません。たとえささいなことでも、自分の言いたいことを言わずに、相手の思うとおりになってしまうことが、我慢ならないのです。

気になったことを言わないでいると不満を引きずってしまいますが、すぐに口に出せば、その場でけりをつけられます。まわりもそれがわかっているから、止めに入らないのです。フランス人のように正面からぶつかるけんかをしていれば、あんがいストレスを溜め込まないものです。

フランス人の持つ女性らしさ

どこの国の女性を「女性らしい」と思いますか？

日本人女性の目からすると、アメリカ人女性は露出が多いような気がします。でも、肌の露出が多いからといって、女性らしいかというと、必ずしもそうではありません。

フランス人女性はどうでしょうか？　自然体なのに、なぜか女性らしいというイメージがありませんか？

日本人女性ほど堅い感じではないかもしれませんが、あからさまにセクシーさを押し出しているフランス人はそれほど見かけません。

あまりメイクをしないのも特徴です。するにしても、ナチュラルメイクです。日本では美白＝美人と思われがちですが、フランス人女性は無理に肌を白く見せようとはせず、むしろ肌よりワントーン暗めのファンデーションを使っています。


日本語の「女性らしい」という表現が、そもそもフランス語にはないのです。オンナオンナしているわけではないのに、フランス人女性は女っぽく見える。どうしてでしょうか。理由のひとつが、身だしなみだと思います。

フランス人女性は、着席の食事会やパーティなどでは、席に着く前に必ずお手洗いに入って、全身の身だしなみを整えます。遅れそうだからといって、パーティ会場にまっすぐ駆け込んでくるようなことはしません。


身だしなみという意味では、日本人女性だってフランス人女性以上に気をつかっていると思いますが、では、フランス人女性と何が違うのでしょうか。

それは、顔だけか、全身かの違いにあるような気がします。

日本人女性は、お手洗いに入るとメイク直しは念入りに行いますが、全身のバランスを確認することはしません。

フランス人にとってのおしゃれとは、トータルコーディネートです。

服、アクセサリー、バッグ、靴……身につけているアイテムひとつひとつはたいしたものでなくても、全身を見た時のバランスが抜群です。そんな立ち姿には、日本人にはない女性らしさが感じられます。

フランス人女性が女らしく見えるもうひとつの理由は、個性を大切にしているからだと思います。

個人主義のフランスでは、自分は自分、人は人だから、相手と比べることがありません。

つまり、自分とほかの女性を比べないのです。

日本ではどうでしょうか。

「こんな格好をしたら、あざといと思われるかも……」

「これだと肌を露出しすぎで、誰かに嫌味を言われるかも……」

「盛りすぎずに、清楚に目立たないようにしなきゃ……」

こんなふうに人の目を気にするあまり、ほかの女性と同じになってしまえば、自分だけの女性らしさが引き立ちません。

ＴＰＯは大切ですが、そんな中でも自分らしさを失わないことが、女性らしさにつながります。

しぐさも女性らしさの大切な要素です。特に手元、口元、そして目のしぐさです。

フランス人の友人セシルさんは、自分のいいところをよく知っていて、それをアピールするメイクが上手な上に、しぐさがとても女性的で、うらやましく思いました。

あるパーティでセシルさんとご一緒した時のことです。

まず、パンのちぎり方がとてもきれいでした。少しちぎって、人の目を見ながらパンを口に入れる。目を一度そらして、また見る。

そのしぐさが自然で、女性の目から見てもとてもセクシーで魅力的に映りました。男性にとってはなおさらのことでしょう。

日本人にとって相手の目を見つめることは容易ではありませんが、パンをエレガントにちぎるのは真似できそうです。

日本女性の美徳「恥ずかしい」はフランスでは自分を卑下する言葉

日本人が謙遜する時によく使う「恥ずかしい」という言葉は、フランス語だと、ティミッド（timide）になります。

でも、フランス人同士でこの言葉を使うのを聞いたことがありません。

なぜでしょうか。恥ずかしいという言葉は存在するけれど、恥ずかしいと思う感情がないといったところでしょうか。自分と人を比べることがないため、恥ずかしいと感じないのかもしれません。

英語圏ではシャイ（shy）になります。

日本で「私はシャイなので……」というと、特に女性は奥ゆかしくかわいいイメージを持たれますが、欧米では「内気で気の小さい人」だととられてしまいます。

繊細という意味で使われることの多いセンシティヴ（sensitive、フランス語ではサンシティフ)も、主に「神経過敏」を意味します。

つまり、「ティミッド(恥ずかしい)」も「サンシティフ(繊細)」も、かわいさからはほど遠く、自分を卑下する言葉なのです。

私自身、昔は人前で話すことに抵抗があり、恥ずかしさを感じたものです。また、物静かなほうが女性っぽいとも思っていました。でも、外国人と交流する場合は、それでは通用しません。

なぜかというと、特に欧米では男女対等の意識が高いからです。

たとえば、フランスには自分のことを悪く言ったり、「私なんて……」と謙遜したりする習慣はありません。

つまり、フランス人に対して「私はティミッドだ」と言うことは、自分の価値を下げていることにほかならないのです。

とはいえ、日本の男性はそうしたティミッドな女性を好む傾向があります。会社であれば、ずけずけとものを言う部下より、遠慮がちで謙遜する部下を好む上司もいることでしょう。

欧米人のように自己アピールをすればいいというものではありませんし、私自身、相手によって使い分けているところがあります。

ただし、自分を卑下する表現を使ってしまっても、本当にそういう人間になってしまわないように、という点は気をつけています。

謙虚さは日本人のとてもいいところですが、「この大役を仰せつかるには、私には経験がありませんから……」「○○さんのほうが詳しいですから」と、謙遜しすぎると、知らず知らずのうちに気持ちが卑屈になってしまうのです。

もっと自分に自信を持ってもいいのではないでしょうか。

うれしいという感情をうまく出せないのも、日本人の特徴です。

本当はとてもうれしいのだけれど、つい感情を抑制してしまうことがありませんか?

日本には喜びを表に出さないことを美徳とする文化があります。

たとえば、相撲や柔道など日本発祥の武道の世界では、勝者が喜んでガッツポーズをしたり拳をあげたりする行為をよしとしません。

対戦相手に敬意を払うためです。相手を立てて、自分は出しゃばりすぎない。とても素敵なことだと思います。

でも、普段の生活で外国人と接する時に、この美徳はなかなか通用しません。誰かに何かをしてもらってうれしいと思ったら、素直にそれを伝えましょう。

そうした行為が、抑え込んでいる自分らしさを、少しずつ発揮するきっかけになるのです。他人の評価を気にすることはありません。それが良いか悪いかは自分で決めればいいのです。


感情を素直に表すことが第一歩。こうした習慣を身につけることでそのうち、少しずつ自分の意見も言えるようになってくるのです。人と自分を比べず、自分の感情や気持ちに素直になれれば、ストレスも減るはずです。

最高の褒め言葉は「extraordinaire（普通じゃない）」？

フランス大使公邸のパーティで、連れの女性を自慢するフランス人男性に会いました。その時女性はお手洗いに行っており、その場にはいなかったのですが、男性は彼女のことを「extraordinaire（エクストラオルディネール／普通じゃない）」と表現していたのです。その女性が戻ってきたので、紹介していただいたのですが、短い着物でおかっぱ頭の、まるでこけしのような方でした。着物の着付けは、本来の伝統的な着方ではありません。しかし、その着崩した感じにオリジナリティがあったのです。

「普通じゃない」のは、フランスではとてもいいことなのです。

日本は決まりごとが多く、着物の着方にもルールがあります。格式の高い場には、決まった種類の着物を正確に着ていかなければなりません。

しかし発想を自由にすれば、着物にもさまざまな使い道があります。打ち掛けをインテリアとして飾っている外国人の家に行ったことがありますが、とても素敵でした。

日本人は「着物はこう着るべきだ」という思いが強すぎるのかもしれません。私には思いつかないような使い方でしたが、とても魅力的でした。

フランスにも制服がありますし、正装に関する厳しいルールもありますが、個性を生かして自由に表現することをよしとする土壌があります。

日本では、特にパーティのような会場だと、目立ちすぎないようにする風潮があります。流行に乗りすぎず、半歩遅れるくらいがいいとよく言われます。よって、個性を押し出すことはありません。

また、就職活動やお受験などの面接では、個性を出すどころか、個性を出さないことがよしとされています。

子どもの中学受験の時、夫は海外赴任中だったので、私ひとりで準備をしました。

面接当日、私はパリで買ったグリーンと薄いオレンジのツイードジャケットに、グリーンの無地のボックススカートをはいて学校へ向かいました。控室に入ると、私だけ明らかにファッションが違いました。

ほかの方々は全員、濃紺か黒の服を着ていたのです。しかも、みなさんご夫婦で来ていました。いたたまれなくなって、私は控室に入らず外で順番を待ちました。

結果的に息子は合格したのでよかったのですが、誰もが同じ格好をするお受験ファッションや、就職活動のスーツというものに、少し疑問を持った瞬間でした。

フランス人が好きな「エクストラオルディネール」という褒め言葉は、ほかの人とは違って特別だというよりは、オリジナリティがあって、自分なりの表現をもっている時に使われます。

日本でほかの人と少しでも違うことをして個性を出せば、陰口を叩く人もいるかもしれませんが、賛辞の目で見てくれる人もいるはずです。自分のオリジナリティを評価してくれる学校や会社、そしてお相手を、ぜひ見つけてくださいね。

フランス語を大切にしつつ他言語もリスペクトするのが今流

ニューヨークにいた時に、「あなたの英語は、フランス語っぽいアクセントでいいね」と言われたことがありました。

アメリカ人にはフランス語に憧れがあるようです。ニューヨークのレストランやホテルにはフランス流の家具が多いですし、お金持ちの間ではシャネルが人気でした。

日本人の中にも、フランス語が話せるようになりたいと思っている方は多いのではないでしょうか。

フランス語は英語と並ぶ公用語のひとつで、カナダや旧フランス領が多いアフリカなどでも幅広く使われているため、今でも知識人の多くがフランス語を学んでいます。

フランス人は、そんなフランス語に誇りを持っていますし、母国語を大切にしています。聴取率が高い時間帯のラジオでは、最低でも40％はフランス語の音楽を流さなければならないという、放送法が存在するほどです。

日本では新しく使われるようになった英語の言葉はそのままカタカナ英語として取り入れますが、フランスでは独自の言葉を作ることも多いのです。

一昔前までは、英語で質問されてもフランス人はフランス語で押し通すような傾向がありました。

しかし、フランスがEUに加盟してから、フランス語は少し陰りを見せているようです。でもそのおかげか、最近のフランス人は英語をよく勉強しているように思います。特に若い人たちは、世界と通じるために、英語を積極的に学んでいます。

母国語を大切にしながらも、英語などほかの言語もリスペクトして勉強するという姿勢は、とても素敵です。

進学や就職のために英語を勉強するのも重要ですが、日本人はもっと日本や日本語に誇りを持ったほうがいいと思います。

フランス人は日本の文化や料理を、とてもリスペクトしています。そのため、フランスにいると、日本についていろいろ質問されます。

芸術の都であるパリやフランスの人たちには審美眼があります。長い歴史を持つフランスの方々に日本のことを説明して褒められると、うれしいものでした。

若い頃はフランスがとにかく大好きで、フランスのことばかり勉強していましたが、実際にフランスに住むようになってから、日本のこともしっかり勉強しなければいけないなと思うようになりました。

言葉を学ぶと、文化的背景を知ることができます。私はフランス語を勉強したことで、フランスについてよく理解できるようになっただけでなく、世界が本当に広がりました。同時に、フランスで暮らし、外から日本を見たことで、日本のよさや価値もわかるようになったのです。

日本のよさを知るためにも、ぜひ外国語を学んでみてください。

きっかけはなんでもいいと思います。

好きじゃないとなかなか続かないので、「英語を勉強すると就職に有利だから」といった考え方だけではなくて、たとえばファッションでも、食べ物でも、自分の感性に訴えかける音楽でも、絵画でもかまいません。それこそ、マカロンでもいいのです。

何か好きなものを見つけて、その国に行ってみる。そして、外から日本を見てみる。

そうすると、これまで知らなかった真実に気づくことができるのです。

自分らしさがすべて。コンプレックスも受け入れる

「フランス人は手足が長くてほっそりしてるし、そのままで充分きれい」

そんなふうに思っている日本人が多いと思います。それはイエスであり、ノーです。

フランスに初めて行った時は、ファッション雑誌から飛び出してきたような、モデルみたいな美しい人たちばかりと思っていたのですが、まったくそんなことはありませんでした。

白人が多いので、色白の人はもちろんいますが、肌のキメが荒いし、そばかすだらけ。お年寄りもシワだらけで、皮膚がたるんでいる。日本人のほうがよっぽどきれいだと思いました。

でも、フランス人はそうした自分の見た目を、コンプレックスに感じていません。

そばかすが多くても、太っていても、背が低くても、フランス人女性の多くはそれを受け入れているからです。そばかすも個性なのです。

マニュアル文化の日本では、雑誌などのメディアで紹介されるファッションを手本にしますが、フランス人女性のファッションの基準は、自分らしいかどうかにあります。他人にはコンプレックスに映るかもしれないものを、劣等感なく受け入れて、大事にする。なぜ大事にできるかというと、この体があるから歩けるし、おいしいものが食べられるわけで、今ある自分を大切にしているのです。

服も、メイクも、自分の個性に合ったものを選べばいいのです。

日本では、スリムなモデル体型を目指す女性が多いと思いますが、男性に聞くと、少しぽっちゃりしているほうが好きと答える人が実は多いのです。

人から見るとまったく太っていないのに、「痩せたい！　痩せなきゃ！」という女性が多いですよね。そんな女性たちは、男性は細い女性が好きだと勝手に思い込み、痩せていることはいいことだという、歪んだ考え方になっている気がします。

太っていることは、そんなに悪いことなのでしょうか。ふっくらしているほうが優しく、感じがよく見えることも多いのに、どうして悪いと決めつけてしまうのでしょうか。

フランスでは、太っている人も自分の好きな服を着て、食べたいものを食べています。無理をしていないので、ストレスがありません。そうした人たちは性格も明るく、笑顔が素敵で、一緒にいて楽しいものです。

日本人は少しでも太ると、それを人に指摘されずとも悪いことと決めつけて、自分で自分の価値を下げ、楽しめる機会を逃している気がします。もったいないですよね。固定観念で自分を縛りつけてしまっているのですから。

フランスはいろいろな意味で選択のバリエーションが多く、個性を発揮できます。選択肢が多いから個性的な人が多いのか、個性的な人が多いから選択肢が増えたのかはわかりませんが、いろいろな道があったほうが、自分らしさを発揮しやすいのはたしかです。

みんながモデル体型を目指して、スタイルのいいモデルと自分を比較するより、今の自分を受け入れて、自分に合った、自分の好きな選択をするほうが輝けるし、内面の幸せにもつながっていきます。

まずは人と比べることをやめてみませんか。

そうすれば、他人をうらやまないですむし、嫉妬もありません。

人は人、自分は自分です。

これまでコンプレックスだと思ってきたことが、あんがい自分の魅力、自分の個性だと気づくことができるはずです。

CHAPTER

2

同じ服でも自分だけの着こなしをする（美意識）

フランス人はブランドよりアレンジで個性をアピール

フランス人女性のファッションを思い描いてみてください。なんとなく素敵だけれど、服に大きな特徴はなく、バッグも靴もブランド品ではないことに気づきます。彼女たちはブランド力には頼らず、質のいいものを選んでいるのです。

日本人の私たちはブランドものの服を着るだけで安心してしまうようなところがあります。流行にも敏感なため、どうしてもみんなが似たような格好になってしまいます。

フランス人は裕福であってもお金に非常にシビアで、倹約家です。ブランドものならなんでもいいという考え方はありません。

ブランドものはたしかにクオリティが高く、デザインも洗練されていますが、雑誌でモデルさんたちが紹介している服をそのまま着てしまうと、服が浮いてしまいます。

ブランド品を身につけるのと、おしゃれするのとは違う。大切なのは、ちゃんと自分を生かして着こなすことなのだと、フランス人女性のファッションから学びました。

実は私も、最初は憧れのフランス人女性たちの真似から入りました。でも、なぜか似合わない。なんでだろうと不思議に思っていたのですが、ひとつ気づいたことがありました。それは目の色や髪の色の違いです。

服を上手に着こなすには、まず自分にどんな色が似合うのかを知ることが大切なのだとわかりました。髪、目、肌の色によって似合う色が変わってくることを、フランス人女性たちはよく知っています。また、人と同じはいやなので、スカーフ、アクセサリー、サングラスなどの小物で、さりげなく個性を出しています。

自分に何が似合うのかを見極めるためには、いろいろ試してみるのが一番ですが、センスに自信がない方にまずおすすめしたいのが、とりあえず一点、いい服を買うこと。シャツでもスカートでもワンピースでも、まずはひとつ、質のいい定番品を買ってみましょう。お手軽なファストファッションが悪いわけではありませんが、いい服はカッティングがすばらしく着心地がよく、ボタンの付け方ひとつをとっても凝っていて、さりげなくおしゃれになります。いい服に触れて愛しんでいるだけでも、センスが磨かれていくのです。

また、色を2色以上使わないようにすると、まとまりがよくなります。3色目は差し色程度。フランス人女性の多くが、服の色は2、3色に抑えて、小物で遊んでいます。日本人に多い黒髪の人なら、白やジタンブルーなどをベースに。髪の色が明るいなら、難しいモスグリーンなども似合うようになります。

サイズ感も非常に重要です。洋服はそもそも欧米の文化ですから、そのまま日本人が着ても、合わないことがよくあります。

私はヒップが大きめなので、ウエストで服を選ぶと、腰が通らず着ることができません。でも、フランスのあるブティックで、ヒップでスカートを選んでくれたことがありました。ぶかぶかのウエストはどうするのだろうと思いましたが、シャツをうまくブラウジングして隠してくれたのです。全身を見てみると、自分でも驚いてしまったほど、とてもきれいにまとまっていました。

それまでヒップが大きいのが私のコンプレックスでしたが、このことがあってから、それほど気にならなくなりました。

肩幅が合っていることも大切です。今度服を買う時は、9号、Sサイズといった表示にとらわれすぎずに、ヒップと肩で合わせてみてください。肩とヒップが合っていれば、すっきりとスマートに見えます。

ウエストはゆるくてもカバーできますし、胸もパットなどで調整できるので、心配はいりません。

もうひとつ、これは私が経験から学んだことですが、この日のためにと買った勝負服は、その日だけに着るのではなく、事前に着ておくべきです。

そのほうがこなれ感が出るからです。

あとは、かつての私のように劣等感を持たないこと。ファッションで自分を追い込まないでくださいね。フランス人女性のように自分を生かし、堂々と明るく自然体に、ファッションを楽しんでください。

そのことを学んで、私はコンプレックスをひとつずつ手放すことができました。

コスチュームジュエリーを楽しむ

ジュエリーと聞いて、何を思い浮かべますか。ダイヤ、エメラルド、ルビーなどでしょうか。フランスでは、家族で受け継がれてきた本物の宝石、手軽に入手できる流行のジュエリー、そして、コスチュームジュエリーの3つを意味します。

家族に伝わる宝石を大切にする文化は日本にもありますが、コスチュームジュエリーはあまり耳にしたことがないかもしれません。

コスチュームジュエリーとは、簡単にいえばイミテーションです。フランスには、こうしたコスチュームジュエリーがたくさんあります。石自体は偽物ですが、職人技が光るアクセサリーで、一流ブランドの多くも手がけています。

たとえば、シャネルもコスチュームジュエリー職人を大勢雇っていますし、フランスにはグリポワといった老舗のコスチュームジュエリー・ブランドもあります。

石が偽物なので、新品でも10万円以下で手に入るものが多いです。昔から親しまれてきているので蚤《のみ》の市などでも見かけます。アンティークのコスチュームジュエリーは今のデザインとは異なるので、私たちに新たな彩りを与えてくれます。コスチュームジュエリーをうまく取り入れることで、飽きてしまった服も美しく蘇ります。

大振りで個性が強いので、日本人はあまり身につけないタイプのジュエリーかもしれませんが、パーティなどでも映えますし、ぜひチャレンジしてもらいたいです。スーツはもちろん、気軽なランチで着る白シャツにも合うし、リゾート地へ行った時のTシャツにも合います。

私のお気に入りのひとつが、ルビーのように赤くて大きい模造宝石を使ったコスチュームジュエリーです。

白と黒のツイードのスーツに、このお気に入りのコスチュームジュエリーを身につけていた時に、センスのいい奥様に声をかけられたことがありました。実はフランス大使夫人だったのですが、「素敵ね」と褒められ、どこで手に入れたのか興味津々に質問されました。それをきっかけに、話が弾みました。

すぐに購入するお金はなくとも、どの店がどんなジュエリーを扱っているか、普段からいろいろ見ておくといいと思います。新しい服を買った時に、あの店のあのジュエリーと合うかもしれないと、コーディネートを考えるのも楽しいものです。そうして常にアンテナを張っておくと、どんな服にも合う、自分だけの魔法のアイテムを見つけられます。

母親から譲り受けたダイヤや真珠も素敵ですし、ぜひ大切にしたいですが、自分にぴったりのコスチュームジュエリーを探してみるのも楽しいものです。目を引くアクセサリーをきっかけに話題が広がるのも、コスチュームジュエリーならではです。ぜひ一度、手にとってみてくださいね。新しい世界が見えてくるはずです。

夜のお出かけはセクシーな服で

夜のパリで、女性らしいタイトなジッパースカートをはいている女性がいました。なんだかとてもセクシーに見えます。何が違うのだろうと思って観察していたら、ジッパーを少し上げていたため、それによってできたスリットから脚が少し覗いていたのです。

会社員風の女性だったので、おそらくオフィスにいる昼間は、ジッパーを膝下までおろしていたのではないでしょうか。ほんのわずかな違いですが、ちょっとジッパーを上げるだけでセクシーさが増します。フランス人女性は、同じ服でも昼と夜でちょっと着こなしを変えるのが上手だなと思いました。

シャツも同じです。仕事後に人に会う時は、シャツのボタンを外してみる。胸の谷間がちらっと見えそうで見えないのがセクシーですし、そんな自然なリラックスした姿に、男性は惹かれるようです。

でも、ここで気をつけなければならないのが、安物のシャツを着ないこと。安物はハリがなく、だらしなく見えてしまいますが、質の高いシャツだとボタンを外してもいやらしさがありません。

フランスを含め欧米では、昼と夜ではドレスコードが変わり、女性の場合は肩やデコルテを露出する上品なイブニングドレスが正装です。そのため、フランス人女性にとっては、夜に露出を増やすのは、ごく自然なことなのでしょう。

でも、日本人の私にはその発想はありませんでした。私だけでなく、男性に会う時はあざといと思われたくなくて、むしろ清楚に見せる方も多いと思います。

フランス人女性も計算して肌を出しているわけではありません。仕事で忙しい女性も、夜は自分を解放してリラックスするために、ちょっと服装をゆるめているだけであって、あからさまに男性にアピールしようと思っているわけではないのです。

女性も、腕まくりをしている男性や、ネクタイをゆるめた男性に惹かれますよね。同じことだと思います。

仕事のあとはリラックス。ボタンをたったひとつ外すだけで、気持ちが開放され、自分らしさを取り戻せます。昼間とは少し違う自然なあなたの姿を、魅力的に感じる人が現れるかもしれません。

ナチュラルメイクが美しい

まわりにフランス人の女性がいたら、唇をよく見てみてください。ほとんどの人がベージュか、艶出しのリップグロス程度で、日本のようにレッド系、ピンク系、ラメ入り、グラデーションなど、流行に左右される口紅はほとんどつけていません。例外は、おしゃれをしてソワレ（イブイニングパーティ）に出かける時くらいで、普段使う口紅の色は控えめです。

日本では流行によって口紅の色を意識するのが一般的です。化粧品メーカーは各社、人気女優を起用したテレビCMで、さまざまな口紅を毎シーズン売り出しますし、女優さんに憧れて購入する人も多いと思います。

ところがフランス人女性の場合、そういうことがほとんどありません。なぜ、彼女たちがナチュラルな口紅を使うかというと、キスをする習慣があるからです。フランスに行くとびっくりしますが、街中でも電車の中でも、いつでもどこでも人目をはばかることなく、公衆の面前で愛する人とキスをしています。

また、フランス人はビズをします。ビズとは、頬にキスすること。会った時やお別れする時に、頬と頬をくっつけてチュッチュッとキスの音を出したり、両方の頬に軽くキスしたりします。これは恋人や夫婦だけでなく、友人や男性同士でもする行為です。もし口紅が赤かったら、フランス人は全員、頬が赤くなって、困ったことになるのです。

フランスで派手な色のリップがあまり使われない理由がもうひとつあります。美の基準が、知性と色香、そして自然体であることに置かれているからです。そのため、フランス人女優は日本のタレントのように、整形疑惑をかけられることはありませんし、普段はナチュラルメイクやノーメイクで過ごしているほどです。

日本では女性のメイクを身だしなみととらえ、特にビジネスシーンでは素顔をよしとしない風習もあり、つらさを感じることもありますが、外国人は逆に、いつもちゃんと化粧をしている日本人女性を意識が高いと感じているようです。

もうひとつ、フランス人らしい習慣があります。フランス人女性の多くが、キスをしてもらいたいところに自分らしいお気に入りの香水をつけます。耳のうしろや首筋など。

男性と付き合い出すと、その香水をつけるポイントを変えて、「ここにキスして」と無言のアピールをするのです。

そして、スカートの裾の裏につけることも多いようです。そうすると香りが自然に立ち上りますし、スカートが揺れるたびにほのかに香るので、その女性の香りとして、相手にイメージを植えつけることができます。

フランス人女性に比べると、香水を普段使いする日本人女性は少ないかもしれません。フランス人女性が自分をアピールする時は嗅覚に訴えますが、日本では、女性らしさやかわいらしさを出すために嗅覚より視覚に訴えるのが普通で、だから赤い口紅を使うのでしょう。

でも実は、視覚よりも嗅覚のほうが、男性はより強烈に惹きつけられることをご存じですか？　動物的な本能なのかもしれません。また、香りは見えないからこそ、想像力を掻き立てられます。

フランス映画を観ていると、「Ça sent bon（良い香りがするね）」というセリフがよく登場します。これは、相手に対して好意があるという、挨拶の言葉でもあります。この一言から恋が始まることも多いのです。

好きな男性と会う時は、メイクだけでなく、香りをうまく取り入れてみたいですね。女性としての魅力が倍増するはずです。

アートで非日常を楽しむ

壁に何か飾ってみたい。アートに多少は興味があるけれど、どんな作品を選べばいいかわからない。そうした方々は、とりあえず有名な画家の作品を買っておこう、と思うかもしれません。一部には、気に入ったからではなく、ステイタスとして、あるいは今後もっと高くなるかもしれないと、投資目的で絵を買う人がいることもたしかです。

それが悪いというわけではありませんが、どうせ飾るなら、自分の心が揺さぶられるようなものを根気よく探してほしいと思います。アートが自分の価値観を一変させてくれることがあるからです。

絵を買うなら、やはり感性で選ぶのが一番です。知識や情報に惑わされてはいけません。有名な作品は一定の評価を得たものですが、その絵が好きかどうかは、人それぞれです。自分の日々の生活に彩りを与えてくれる、わくわくするような作品を、ぜひ買ってみてください。

フランス人は部屋の壁を飾る作品を求めて、ギャラリーによく出かけます。描き手が無名でも、好きな絵を飾ることで居心地がよくなり、空間も心も豊かになると彼らは言います。

購入するなら最初は無理をせず、価格的に手が届きやすい若い画家や存命の画家の作品がいいと思います。若い画家の作品を買えば、アーティスト支援にもつながります。自分の欲求の範囲だけで買い物をしているのではなく、広く芸術文化を支えることになるのです。

どんな作品が自分の家に合うのか、自分はどんなスタイルの絵が好きなのかを知りたければ、まずは美術館で名作を見てセンスを磨くのもいいと思います。画集を眺めるだけでもかまいません。作品をたくさん見ていくうちに、だんだん自分がどんなものに惹かれるかがわかってきます。

気に入った絵が見つかったら、この画家はどんな生き方をしてきたのか、同世代にはどんな画家がいたのかなど、時代背景を調べてみましょう。アートに触れるのが、だんだん楽しくなってきます。

そのような情報を得た上で、作品をもう一度見てください。新たな気づきや喜びがきっとあります。

私は絵を買ったことで、心が豊かになり、その後の人生が変わりました。

24歳の秋、憧れのシャネルのバッグを買おうとパリに行った時のことです。フランス人の友人の家に夕食へ招かれました。すると、ダイニングの壁にモノクロのグワッシュ画(水彩画の一種)が飾ってありました。

アルゼンチン人でパリにも暮らしたレオノール・フィニの作品でした。とても惹かれるものがあったので、その画家の作品を扱っているギャラリーを教えてもらいました。サンジェルマン・デ・プレの画廊へさっそく足を運ぶと、レオノール・フィニの作品以外にも、ふたりの女性の神秘的な水彩画がかかっており、とても気に入りました。値段は買う予定だったシャネルのバッグとほぼ同じ、20万円ぐらいでした。

ずっとバッグのために貯金してきたので、いくらその絵が欲しくても即決はできません。そのままセーヌ河を渡って、ヴァンドーム広場のリッツホテルの裏にあるシャネルの本店に向かいました。

欲しかったバッグを手にとって、大きな鏡の前で自分自身を見つめました。しかし、私は結局それを買うことなく店を出ました。画廊で見たあの絵が忘れられなかったのです。絵を買うという選択は、私にとって大正解でした。おかげで、その後の人生が大きく変わったからです。

初めて自分で買った絵を家に飾った時の満ち足りた喜びは今もはっきりと思い出せます。そして、ずっと飾っていたら、譲ってほしいという人が現れました。売るつもりはなかったので、元値の3倍の値段を言ってみたら、その額でも買いたいと言うのです。商売を目的に買ったものではなかったのですが、自分の感性で購入してきた作品に、こうして共感してくださる方がいたことに喜びを覚えました。

この絵との出会いがきっかけで、私は絵の仕事を始めるようになりました。絵を少しずつ買って、画廊で売るようになったのです。フランスのおかげで、仕事が見つかったというわけです。さらに仕事を兼ねてフランスへ行くようになり、巡り巡って夫と出会うこともできました。

作品を見て、何か感じるものがあったら、その感性のサインを見逃さないでください。きっとその絵は、あなたの人生を豊かなものに変えてくれることでしょう。

インテリアが生活を潤す

私が代表を務める日仏芸術文化協会主催の「日仏ロボットデザイン大賞」に、フランスの女の子が部屋の壁を塗るロボットを描いて応募してきたことがありました。

ロボットが壁を塗る？　日本の壁は漆喰か、壁紙を貼っていることが多いですから、その発想に驚きました。その子のお母さんはよく部屋の壁をペンキで塗っているそうです。

その手伝いをしてくれるロボットがあったらいいなと感じた子ども心を愛おしく思いました。そして、フランスでは業者に頼むことなく自らハケで壁にペンキを塗るのが普通なのだと知ったわけです。

壁を塗るまでしないにしても、フランス人の多くが壁紙やカーテンを上手に選んでいます。

22歳の時、ニースでホームステイをしたのですが、ホストファミリーの家でフランス人のインテリアのセンスの良さに衝撃を受けました。

部屋に案内されると、カーテンとベッドカヴァーが同じ絵柄でした。濃淡のあるグリーン地に黄色い花柄がほどこされた美しいカーテンが、南仏の風を受けてふわーっと浮いたのが印象に残りました。カーテン越しに入ってきた風に、南仏にようこそと言われているような気分でした。

フランス人は絵を飾るのも上手です。フランス人の家には必ずといっていいほど絵画が飾られています。壁に1枚の時もあれば、何枚か並べてある時もあります。

この並べるというのが実は難しく、センスを問われるのです。漠然と並べるのではなく、小さい絵を上下に数枚組み合わせたり、額縁を直線上に揃えたりして、壁にきれいにレイアウトしていきます。

さらに、絵に暖かい光が当たるような照明があったり、近くに花を生けたりして、上手にバランスをとっています。

部屋の照明はもちろん蛍光灯ではなく暖色系の間接照明で、気分が落ち着くだけでなく、女性がきれいに見えます。

リビングのガラステーブルに、画集や写真集を置いている家庭もありました。友人がお茶の準備で席を外している間、ひとりになった時にぱらぱらと眺めることができますし、なによりインテリアのひとつになっていました。

リビングやダイニングだけではなく、お手洗いにも絵を飾ります。

私は、お手洗いに香水瓶(免税店のお土産用の)を飾っているのですが、これはフランス人の友人の影響です。その友人は小さな香水瓶をいくつも額に入れてお手洗いに飾っていました。瓶の背景の色なども工夫して、まるでひとつの作品のようで、とても素敵に見えたのです。

こういった部分にこだわることでこそ、生活がより豊かになります。

上手なインテリアのコーディネートのコツは、部屋全体に統一感を持たせた上で、アクセントを利かせることです。

壁紙を変えるのが難しいなら、タペストリーのようなものをかけてみたりするだけでも雰囲気が出ます。

展覧会で見て気に入ったポストカードも、額に入れて飾るだけで全然違って見えます。壁に釘が打てなければ、額縁を床や棚に置いてみるのも一案です。

フランス人の友人は、本棚や食器棚にぎっちり物を入れず、あえて空間を作って、オブジェや小さな絵をさりげなく飾っていました。

部屋が小さいから無理、と感じる人もいるかもしれません。でも、まずは細部から、真似てみましょう。インテリア雑誌を見たり、センスのよい友人宅などを参考にするのです。部屋全体のイメージが頭のどこかに残っていれば、自分で選ぶ際に、そのエッセンスを自然に生かせます。

私の場合は、人を招くことを意識すると、家を飾りたい気持ちになります。あの人が遊びにきてくれるならと、絵を変えてみたり、模様替えをしてみたり、だんだん楽しくなってくるのです。人をもてなしているようで、自分をもてなしているのかもしれません。

日本では人に会う時は家に招くより、一緒にお店に行くことが多いと思います。外食は楽しいしラクですが、家に人を招くようにすると、インテリアのセンスも磨かれていくのです。

個展の前日に届いた48本のシャンパーニュ

友人や知人が個展を開く時や、お店を始めた時に、お祝いに何を贈りますか？　花を送ったり、お菓子などのお土産を持参することが多いかと思います。フランス人はどうでしょうか。

アート好きが高じて、私は若いアーティストを応援する活動を長く続けてきました。ある時、同じく芸術を大切にしているフランス人男性が、今度は私を応援してくれました。その応援の仕方がとても素敵でしたので、ご紹介します。

ダニエルという芸術に理解が深い女性が、あるフランス人アーティストを紹介してくれました。パリに行くならぜひ彼女の作品を見てくれと言われ、私は足を運びました。

私は彼女の作品が気に入り、すぐに購入を決めました。彼女は当時、画家だけでは生活できず、エルメスで働いていました。馬車の柄が入ったエルメスの茶色いリボンをデザインしたグラフィックデザイナーだったのです。そんなセンスあふれる彼女のアート作品は、品よくアラブ・テイストが入ったものでした。

その後、彼女の個展を日本で開催することになりました。原宿の画廊に120名の招待客を迎えて、ヴェルニサージュ（オープニング・レセプション）を開いたのですが……その前日に、なんと48本のシャンパーニュが届きました。1本でもうれしいものですが、48本です！　ダニエルのだんなさんが送ってくれたものでした。事前にまったく聞いていなかったので、驚きも含め、本当にうれしかったものです。

私はこの応援の仕方は実に粋で、美意識の高いフランス人ならではと感じました。私もお祝いの花を用意することはよくありますが、シャンパーニュを贈るなんて、なかなかできないことです。

このシャンパンのおかげで、ヴェルニサージュはとても華やかな雰囲気になりました。オープニングだけでなくクロージング・レセプションも、いただいたシャンパーニュで盛り上がったことは言うまでもありません。

花はもちろん素敵ですが、お祝いのプレゼントに悩んだ時、ぜひシャンパーニュも候補に入れてみてください。たとえご本人がお酒を飲まなくても、ゲストのみなさんを楽しませることができる、素敵な贈り物だと思います。

美意識は食卓から育つ

陶磁器、銀器、グラス、テーブルリネン、花……。フランスの美しい食卓には、５つのエレメントがあります。日本流にいえば、おもてなしの心でしょうか。お招きする方々のことを考えて、食卓のプレゼンテーションを行います。

このテーブルセッティングには長い歴史があります。1533年、ヴァロア王朝のフランソワ一世の息子、アンリ2世がイタリアのメディチ家のお嬢様カトリーヌと結婚しました。メディチ家といえば、16世紀にイタリアルネッサンス文化を築いた名門財閥です。

その際に、銀のカトラリーやランピーニ窯の食器に加え、アイスクリーム、マカロン、インゲンなどの食品がフランスに持ち込まれました。つまり、カトリーヌの嫁入り道具やレシピなどが、現在のフランス料理やテーブルセッティングの基本となったのです。

時を経て、現在の公式晩餐会や正式な夕食会は、「フランス料理でフランス流にもてなす」のが世界基準になっています。

5つのエレメントに、美しく伝統のあるものを使うと、自然とセンスが磨かれていきます。私が人をもてなす時は、この5つのエレメントを意識し、ゲストの方々の席順にも気を配ります。簡単ではありませんが、お客様の笑顔を想像すると、準備の時間も楽しめるものです。

日本料理の食卓にも、伝統と美しさがあります。

京都生まれの義母は、普段から美しく膳を整えていました。いわば、和風のテーブルセッティングです。今では少なくなってきていると思いますが、昔は一般家庭でも守られていました。

まず、折敷《おしき》、箸置き、箸を準備します。折敷と箸置きは、今は使わない家庭も多いのではないでしょうか。

お味噌汁の器は、合成樹脂でできたものではなく、木から削り出したもので、漆塗りもいいものです。お茶碗とお皿は、陶器か磁器を使います。

いっぺんに買えない場合は、高いものを少しずつ、色味を意識しながら揃えていきます。いい食器でも、折敷とのバランスが悪ければ台無しです。折敷に置いた時の全体の色合いを見て、藍色系、あるいは赤絵系にするかなどを吟味します。まず自分の好きな色合いでまとめるのも一案です。

若いころはフランス料理のテーブルに心がときめいたものです。世界基準ですし、見習うべきものだと思いました。

フランスのテーブルセッティングを詳しく知ってから気づかされたのですが、日本の膳の美しさや季節感は、フランス料理のテーブルセッティングを凌ぐものがあります。私の場合は、フランス方式を学んだことで、日本の膳の神髄が見えてきました。

フランスを通して、日本を新たに知る。これが美意識のひとつの育て方かもしれません。美しい世界がすぐそこにあるのに、覗かないのはもったいないですね。まずは、日本の膳を知る機会をぜひ作ってみてください。一流料亭に行ってみるのも、京都の老舗旅館に泊まってみるのもいいと思います。

高級フランス料理店とは異なる、日本ならではの美意識を感じ取れるはずです。

フランスのおかげで日本文化の美しさを認識

明治に生まれ、京都で育った厳格な義母と、自由の国フランス。一見、正反対のようですよね。でも、自国の文化や伝統を一番だと思って守り続け、暮らしの中の美を大切にする姿勢は、年輩の日本人も今のフランス人も、実は同じ。フランス人が大事にするオタンティック(オーセンティック、本物)は、私たち日本人のDNAにも流れている気がします。

義母と過ごした日々は、驚きの連続でした。

新婚旅行から帰ってきた日、90度以上深々と頭を下げ、「ただいま帰りました。これからよろしくお願いいたします」と、自分では心から挨拶したつもりでいました。しかし義母は私を正座させ、三つ指をついて挨拶をし直させたのです。一気に緊張が走りました。私が結婚した当時、明治生まれの義母のいる家に「嫁ぐ」とは、そういうことだったのです。それから針のむしろの上を歩くような生活が始まりました。

朝食はご飯とお味噌汁、納豆、小魚、ぬか床から出したお新香、梅干し、自家製の山椒入りの昆布煮。完全に日本式です。これを毎朝整えます。私はご飯もお味噌汁も好きですが、緊張感の中でいただくのは食べた気がしませんでした。もちろんクロワッサンとカフェオレなんて言っていられません。

そんな毎日の中で、フランス人のお宅でいただいた朝食の美しさを懐かしく感じました。

ランチョンマットの上に、ナイフとフォークと各自のナプキンが置かれていました。コーヒーポットとホットミルクのポットが用意され、自分で注いでカフェオレを作ります。バゲットの横にはフルーツ、ジャム、バターが置かれ、小さい花がテーブルに色を添えていました。

私はフランスで一流品にたくさん触れてきました。日本が劣っているとは言いませんが、本物といえるものは、長い伝統を持つフランスにこそあると思い込んでいたのです。でも、義母と長年暮らし、だんだん客観的に観察できるようになってから、日常生活の中でも本物を追求する姿勢は、フランスも日本も同じなのではないかと思うようになりました。

季節ごとに変える玄関の花入れ。また屏風、掛け軸、絵柄の繊細さ。季節感についても、義母から教わりました。

義母はお料理が抜群に上手で、常に旬を取り入れており、滋養に富んだ食事を用意してくれました。和食器も盛り付けも嫁の目から見てもすばらしいものでした。

義母の手料理を記録したノートは、今も大切に残しています。日本の美意識がちりばめられているからです。

日本はミシュランの星を獲得したレストランが世界で一番多い国です。ミシュランは1900年にフランスで初めて発行された歴史あるレストランガイドで、おいしさだけではなく、素材の質、料理技術の高さ、独創性、価値に見合った価格、常に安定した料理全体の一貫性という、5つのポイントで評価されます。本家のフランスを凌ぎ、日本のほうが星付きレストランが多いということは、日本の食事、ひいては日本独自の文化や美意識が、フランス人に高く評価されている何よりの証拠だと思います。

日本人とフランス人は本能的に惹かれ合うものがある

日本を知るフランスの知識人は、「日本人とフランス人は本能的に惹かれ合うものがある」と口を揃えて言います。私も、日本人とフランス人のあいだは、理屈を超えて本能的（直感的）に美に対する感性が似ているような気がします。

日本人の好きな外国の筆頭は、フランスです。

フランス料理、ワイン、チーズ、バゲット、マカロンなどの食料品から始まり、ファッション、美術まで、生活のあらゆる分野にフランス色が入ってきています。

一方、フランス人はどうかというと、日本で生活したことがある人たちは、ゆず、お豆腐、お茶、お寿司のガリ、干しシイタケ、子どもはソース焼きそばが好きです。なぜそう断言できるかというと、知人のフランス人たちに「お土産に何がいい？」と聞くと、たいていそう答えるからです。

実際に訪れたことがないフランス人たちにとっては、日本はまだ遠い国かもしれません。ただ、こういうこともありました。

ある男性はパリで日本語を習い、外交官になって日本にやってきました。

そもそも、なぜ日本語を習おうと思ったかというと、10代の頃、テレビで柔道を見て、一瞬のその技に魅了され、母親に頼んで柔道を習い始めたのだそうです。

私は「なぜ、ＪＵＤＯがそれほど魅力的に思えたの？」と聞きました。

彼は「理由はなく、一瞬で魅せられた」と答えました。やはり、本能的に日本とフランスには惹かれ合う何かがあるのだな、と、この時も改めてそう思いました。

フランス柔道連盟の登録者は60万人を超えています。「ＪＵＤＯ」はそのままフランス語になっています。

フランス人がなぜ柔道に魅せられるのか、その理由はいくつかあります。まず、美的な要素です。身体捌きが理にかなっていること。そして、深い精神性がある。個人競技なので、個人主義なフランス人に合っている。母親がしつけに良いと思っている。外交官の男性も「理にかなった身体捌き。そこに日本の美意識がある」と言っていました。また、「僕は体があまり大きくない。でも、柔道なら自分より大きい人も倒せる」とも。その後、しばらく柔道について熱く語ってくれました。

世界に柔道が広まったのは、フランスの力も多いと聞いています。

そのほか、ルイ・ヴィトンのモノグラム柄は日本の着物、江戸小紋がヒントだと教えてくれた人がいました。

毎年パリで行われるＪＡＰＯＮ ＥＸＰＯは膨大な数のフランス人を集めていますし、現在の日本の漫画やアニメについてはフランスの子どもも大好きです。

私が設立した日仏芸術文化協会で日仏ロボットデザイン大賞を主催していますが、フランスからの応募はすぐわかります。色合いや立体感がユニークだからです。それに対し、日本からの応募は細やかさにあふれています。

そんな表現の違いや作り出すものの違いはあっても、日本にフランス好きが多く、フランスに日本好きが多いことを考えると、感性に共通している部分があると思います。

ロボットという分野であっても、これからの時代は技術だけでは通用しませんし、美的な感覚が必要です。消費者がセンスを感じ取り、感性のあるものに惹かれるからです。美意識と技術を兼ね備えたものが、未来を導いていくと思います。理系か文系かと、分ける時代は終わったのです。

銀行で働いていても、工場で働いていても、美意識は大事な要素です。仕事に直接的な利益をもたらすものではないかもしれませんが、豊かな感性は創造性につながり、徐々に、しかし確実に、仕事、人間関係、人生そのものに好影響をもたらします。

私自身、ずっと美意識が高い人間になりたいと思っていました。「美意識が磨かれれば、これからの時代、生きていける」と思っています。

別の言葉で言うとセンスでしょうか。

センスを磨くためには、美術館へ行って本物の作品に触れること。楽器を演奏したり、音楽を聴いたりすることもおすすめです。

何より一番いいのは、日々の食卓をきちんと整える。たとえば箸と箸置きを選ぶなど、身近なところから始めることです。大人になってからでも、遅すぎることはありません。

私たち日本人、特に女性は敏感です。日本にも独自の感性があります。たとえば、京都・奈良という奥座敷から脈々とつながれてきた繊細な美意識です。

京都を旅行するのもいいですし、海外を考えているのなら、迷わずフランスを訪れてください。街の景観やペン1本にも、フランスの美意識が反映されています。きっと、何か感じるものがあると思います。

フランスの芸術からお菓子にいたるまで、見て味わって楽しむうちに、自分の内側や日本にもある芸術や感性を改めて発見できるのだと思います。

CHAPTER

3

人前でもキスをしないと不機嫌になる（恋愛）

パートナーが隣にいてもナンパする

これはフランス人が、いかに自由に恋愛を楽しんでいるかの一例です。

デートしている時、恋人がほかの女性を見つめていたら、どう思いますか？　とても不愉快ですよね。では、自分が隣にいるのに、彼がほかの女性に声をかけたら？　考えたくもありません。

でも、バカンス中のフランス人にとっては、それも普通なのです。

24歳の時、ギリシャに旅行に行きました。滞在したのはフランス企業が運営している「クラブメッド」というリゾート施設です。夜、海を眺めながら海岸を散歩していると、40歳前後の風貌の男性に声をかけられました。

「どこから来たの？」「何しているの？」と話しかけられ、5分くらい雑談をしたあと、「僕はバカンスに来ているんだ。だから、僕と一緒に過ごさない？」と誘われました。男性がひとりでバカンスに来るのはめずらしいので、「誰と来ているの？」と聞くと、「奥さんと来ている」と言われ、私は目が点になりました。

「えっ？　奥さんは今どこにいるの？」

すると、彼はビーチの反対側を指差して、「あっちで若い男の子をナンパしている」と言うのです。

奥さんとふたりでバカンスにやってきて、お互いに恋人を見つけようとしているフランス人夫婦の感覚が理解できず、私は思わず聞き返しました。

「奥さんがそんなことをしていて、あなたは平気なの？」

すると、彼は白い歯を見せて言いました。

「大丈夫。今、バカンス中だから。パリに帰ったら、また仲良しだよ」

その時の、彼のさわやかな笑顔は今でも忘れられません。

私は心の中で「自由すぎる！」と叫びながら、彼の誘いに乗れない自分を少しうらめしく思いつつ、その場を立ち去ったのです。国民性の違いといったらそれまでですが、結婚に縛られずに気ままに恋をするなんて、ちょっぴりうらやましくも感じました。

夫婦や長く付き合っているカップルなら、バカンスという限られた時間の中で、ナンパしたり、ナンパされたりするのをゲーム感覚で楽しむというのも、ありなのかもしれません。お互いに刺激になるのはたしかだと思います。

束縛したことで、かえって相手は離れていってしまった。そんな経験はありませんか？パートナーを束縛してしまいがちの女性は、たまにはフランス人女性のように、余裕を見せてみるのはいかがでしょうか。信用されているんだなと感じてもらえますし、包容力のあるあなたを、これまで以上に大切にしてくれるかもしれません。

年を重ねても恋を楽しむ

女性がレストランでひとり食事をする――。「おひとりさま」という言葉が存在する日本では、最近では当たり前の光景になっています。好きなものを好きなペースで食べられるし、相手に気をつかう必要もありません。

でも、フランスではひとりで食事をしている人を滅多に見かけません。特に女性がひとりでレストランに入るのはよほどのことのようで、私がフランスでひとりで食事をしていると、シェフが様子を見にきたほどです。

なぜフランスではおひとりさまの姿が奇妙に映るのか。それは、フランス社会ではカップルでの行動が基本になっているからです。また、フランス人がレストランに行く理由は、おいしい食事以上に、会話を楽しみたいからというのもあります。日本と違って、仕事のあとで会社の同僚と飲みにいく文化もないので、必然的にパートナーを大事にします。

どうしてフランス人はいくつになっても恋をするのか考えてみた時に、このカップルでの行動が基本という、フランス社会の仕組みがそうさせているんじゃないかと思うようになりました。

恋人に限らず、友人でもいいですし、特別な関係じゃなくてもいいのです。誰かと食事をしたり、バーに行ったりして、コミュニケーションをとる機会が多いことが、恋につながっているのではないでしょうか。

フランスの小説には年の差カップルの恋物語が多いですし、フランスの男性は女性の年を気にしていません。特に若い男の人は、自分より経験のある年上女性に憧れる傾向が強いような気がします。自分を磨いて笑顔でいれば、年を重ねても恋のチャンスはいくらでも見つかるのがフランスなのです。

日本の男性は残念ながら、成熟した大人の女性より若い女性を好む傾向があるようです。女性のほうも「もう年だから」と自分に制限を与えて、恋に消極的になりがちです。でも、日本の女性ももう少し自分を開放して、もっと素直に自然の欲求に従っていいと思います。すぐに付き合うとか、その後の発展を考えずに、レストランやバーで出会った人と気軽にコミュニケーションを楽しみたい。そう思っている日本人は、男女問わず少なくないのではないでしょうか。

もっともっとそういう人が増えて、みんながそう思ってくれれば、私も積極的に恋ができるんですが……。

恋愛は視線が重要

外国人に見つめられたら、どうしますか？　恥ずかしくて目を合わせないことが多いと思います。

しかし、その視線を受け入れて、言葉を交わしながら相手を見定めていくのが、フランス人女性です。

恋の達人のように言われるフランス人男性ですが、知らない女性にいきなり話しかけるようなことはしません。では、どうするか。視線を送ります。女性はその視線にドキっとさせられ、その瞬間、自分の女の部分が強く引き出されて、レディになれるのです。

フランスのシャトーでワインを作っている醸造家の試飲会に参加した時のことです。その醸造家の男性は、試飲会に来たある女性だけをじっと見つめていました。さすがに試飲会のような場で大勢に向かって話をする時は、参加者みんなに目を向けたほうがいいのではないかと、余計な心配をしたほどです。もし私がその女性の立場だったら、自分だけに視線を向けられると困るような気がします。でも、実際は、彼女のほうも悪い気はしていない様子でした。

素敵な人がいれば視線を送る。これは、パートナーがいる、いないに関わらず、フランス人の習性のようにも思えます。フランス人の知人いわく、視線の交流は浮気心ではなく、大人の男女の楽しみなんだそうです。素敵ですね。

視線は恋のきっかけです。恥ずかしくて視線を外してしまうと、恋の機会を逃してしまいます。たとえその場限りだったとしても、少しでも目を合わせたほうが、幸せ度が増すのは確実です。


次のステップは会話です。

話してみないと、感情はなかなか伝わりません。特に相手がフランス人であれば、まずはおしゃべりしてみることが大切です。先のことはあれこれ考えずに、とりあえず視線を返して、トークを楽しむだけでよいのです。

パーティで男性の視線を感じたら、にっこり微笑んでみましょう。そして相手がグラスを軽く上げて、遠くから乾杯のしぐさをしたらこちらも軽く合わせます。せっかくパーティのために着飾ってきたわけですし、その姿を素敵だなと誰かに思ってもらえるのはうれしいものです。視線を返せば、飲み物のおかわりにいった時に、その男性が近づいてくるなんてこともあります。

相手が生理的に受け付けないタイプなら、無理に視線を返す必要はありません。でも、何か気になる面があれば、一度視線を外して、もう一度見てみましょう。やっぱり違うと思ったらそこで終わりです。

でも、フランス人男性は簡単に諦めたりはしません。また男性から視線を感じて、なんとなく気になるようなら、ゆっくりと視線を戻して少し微笑んでみましょう。きっと素敵なことが起こります。まずは友だちを作る感覚で気軽に始めてみることです。

出会いに限らず、恋人同士でも夫婦でも、視線は大切です。

でも、日本人の男性はなかなか視線を送ってくれません。ならば、こちらから送ってみるのはどうでしょうか。

異性との出会いがないと言う人は、パーティでも社内でも、素敵な男性がいたら、自分からさりげなく視線を送ってみてください。相手は必ずあなたを意識するはずです。

女友だちは自分の彼を奪うかもしれないライバル

フランス人女性の友人とパリのカフェで会う約束をしていた時のことです。その友人が男性を連れてきました。

でも、何か様子がおかしい。そわそわして、落ち着きがありません。私のことより、彼のことが気になっているようなのです。

私と会うために来たのだから、私にもっと気を配ってくれてもいいのに。その話を別の友人にしたら、その理由がわかりました。

フランスでは女友人は恋のライバルになりうるからだそうです。彼の視線が私に行かないように、警戒していたのだろう、ということでした。

東洋人初のパリコレモデルだった有名な日本人女性の話です。親友とカップル同士で食事をしたことがきっかけで、自分の彼が親友と付き合い始めてしまったそうです。パートナーも親友もなくすという、二重の喪失感を味わったと話されていました。

親友を不幸にして自分が本当に幸せになれるのか、日本人である私などは考えてしまいますが、フランス人は恋愛を、日本人より気楽に考えている気がします。

恋は人生に欠かせないし、情熱は止められない。フランス人はあまり罪悪感を持たずに、新しい恋へと突き進みます。

フランス人の多くは自分の好きという気持ちを止められないのです。映画化もされた作家スタンダールの『赤と黒』など、フランス文学には三角関係を描いた作品が多数あります。

カトリック教徒が多いので、本来、三角関係や不倫は許されないはずですが、宮廷文化の名残りなのか、フランス人は恋愛に寛容だと思います。

日本では、ある程度の年齢になると軽い気持ちで恋愛ができず、「結婚を前提に付き合う」という暗黙の縛りがあるような気がします。

大人の女性にとって自由に恋がしづらい日本にいると、いくつになっても恋愛して自分を磨いているフランス人女性をちょっとうらやましく思います。でもその半面、親友を恋のライバルとして敵視するのは大変だなと思ったりもします。

日本とフランスの中間ぐらいの感覚で、恋愛が楽しめるようになるといいですね。

食卓は恋が生まれる場所

南フランスの街、エズ。崖の上にあることから「鷲の巣村」と呼ばれている美しいその場所に、素敵なホテルがありました。

オーナーの息子さんが、新婚旅行で訪れた私たちをそのホテルに招待してくれたのです。

リゾート地なので昼間は水着姿などでのんびり過ごしますが、夜は誰もがドレスアップします。

6月の美しい地中海が夕闇に包まれると、広い庭に明かりが灯り始めます。その一角に、10人用の円テーブルがセットされていました。

驚かされたのが、席の決め方です。

「結婚してどのくらい？」と聞かれ、新婚だと伝えると、じゃあ並んで座っていいと言われました。

なぜこんなことを聞くかというと、結婚して1年以上経っているカップルの場合は、隣同士にしないのだそうです。

これは旅先に限ったことではありません。

フランスでディナーに招かれると、夫以外の男性、あるいは妻以外の女性の隣に座ることが多いのです。

なぜこんなことをするかというと、まずは好奇心が満たされるから。普通なら接する機会を持てない異性と話をすると、自分とは異なる物事の見方や考え方などに触れることができ、視野が広がります。コミュニケーションを大切にする、フランスならではの習慣です。

そしてもうひとつは、刺激のため。自分のパートナーが隣の異性に親切にしたり、されたりするのが目に入ると、ちょっとした嫉妬心が芽生えます。

ときめきを維持するために席順を工夫するなんて、フランス人はさすがだなと思います。食卓はこうして、新しい恋が生まれたり、冷めた愛が再燃したりする場所になります。日本の食事会では気まずくならないように、知らない者同士を隣の席に座らせるのはむしろ避けるのではないでしょうか。でも、たまにはこんなスパイスが利いた食卓も面白いかもしれませんよ。

特に招待客の中に倦怠期のカップルがいたら、あえてふたりを離してみてはいかがでしょうか。もちろん、仲がいい友人カップルとの食事でも、いつもとは違う席順にしてみれば、新鮮な気分を味わえることでしょう。

恋のきっかけはいたるところに

知らない男女が、街中で突然踊り出す。日本ではまず見ることができない光景ですが、フランスにはそんな恋が生まれそうな仕掛けがどこにでも存在します。

ニースのカーニバルへ行った22歳の時のことです。13世紀頃に始まった伝統的なお祭りで、とても楽しみにしていました。日の光を浴びてきらきらと輝く地中海と、シュロの木が高くそびえる南仏の大空。美しい空間に包まれ、自分も輝けそうな予感がしていました。夕方5時ぐらいになると、海沿いの大通りの交通を規制して晴れやかなパレードが行われます。

楽団の音楽が鳴り響く中、ミモザなどの美しい花々で飾られた山車が通ります。ミス・カーニバルも登場する、本当に楽しいひと時でした。

そんな時、とても素敵なカップルを見かけました。真ん中にお子さんもいて、幸せそうでした。その家族を眺めている間に、私は友人とはぐれてしまいました。

結局そのまま、華やかなパレードは終わり、もうホテルに戻らなければなりません。

地中海を背に、パレード会場をひとり孤独に歩いていると、アコーディオンの音が聞こえてきました。ニースで最も有名な、美しいアルベルト1世公園に人が集まっていたのです。

突然、初老のカップルが音楽に合わせて踊り始めました。ふたりに続いて、あちらでも、こちらでも、カップルが踊り出します。

私も踊りたかったのですが、相手がいません。

向こう側に素敵な男性がいて、一瞬目が合ったのですが、恥ずかしくて目をそらしてしまったのです。

しばらくすると、「On va danser（オン・ヴァ・ドンセ／踊る）？」と声が聞こえました。目が合った男性でした。私の気持ちを察して、誘ってくれたのでしょう。彼は自然に私の手をとり、輪の中に入っていきました。

会場の華やかさ、カーニバルが終わったメランコリックな気持ち、アコーディオンの音楽、潮の香りを含んだ夜風と、舞台装置は揃っていました。私はまるで映画の主人公のように、楽しくワルツに身を委ねたのです。

路上が突如舞台になり、踊りを楽しむことができるなんて、素敵な時間の使い方です。

フランス人は人生の楽しみ方を知っているなと、つくづく思いました。

友だちとはぐれてしまったことで偶然経験できた、大切な思い出です。恋のきっかけも、そんな偶然から生まれるものなのかもしれません。

フランス人男性はみんな詩人？

男性から詩を贈られたことがありますか？　「ポエム？　ありえない！」なんて女性もいることでしょう。

シャルル＝ピエール・ボードレール、アルチュール・ランボー、ジャン・コクトー、ヴィクトル・ユーゴー……。フランスには情熱的な詩人が多く、美しい名言も多く存在します。フランスでは、そんな詩の一節を引用して、恋人に贈ることもめずらしくありません。

愛を乗せた言葉を受け取ると、日常生活の中に陽だまりができ、その陽だまりがじわじわと体に広がり、暖かくなってきます。

フランスの男性から詩をいただいた時は、辞書を引きながら読み、幸せをゆっくり味わいました。本当にうれしかったことを今も鮮明に覚えています。

自分で一から詩を創作するとなるとハードルが高いかもしれませんが、愛の言葉を素直に文字にすることはとても大切です。

必ずしも詩であったり、文学的であったりする必要はありません。自然な言葉のほうが、むしろイメージを思い浮かべやすく、相手に深く伝わることもあります。

日本にはシャイな男性が多いですし、詩を贈り合うのは難しいかもしれませんが、私は男性によく手紙やカードを送ります。

バレンタインのチョコレートを贈る時は、必ずカードを添えて、その人のいいところについて触れるようにしています。たとえば「あの時のネクタイが素敵だった」とか、「肩幅が広くて素敵」だとか、「あんなに親切にされたのは初めてです」とか。特別な内容ではなく、自分が感じた素直な気持ちを綴《つづ》っています。

メールやＳＮＳが悪いわけではないのですが、簡単に削除できたり転送されたりしますし、自分のためだけに手書きされた文字に比べたら、ドキドキ感は薄らいでしまうような気がします。

手紙やカードは手元に残るので、つらい時や悲しい時に何度も読み返すことができるのもいいものです。自分がもらってうれしいものは、相手もきっとうれしいはずです。

パリジェンヌは笑わせてくれる男性が好き

どんな男性に惹かれますか？　イケメン？　頭のいい人？　優しくて経済力がある人？

フランス人女性は、ユーモアのある男性が大好きです。理由はシンプルで、一緒にいると楽しいからです。見た目のカッコよさより、笑わせてくれる男性のほうがフランス人女性には圧倒的に好かれます。

笑うと幸せホルモンのセロトニンが脳内に多く分泌されることが、科学的に証明されています。ユーモアあふれる男性と一緒にいると、本当に幸せになれるのです。

フランスでは昔からコント（conte）という笑いを誘う短編が人気で、コント関連の本もたくさん出版されています。

ちょっとしたことで人を笑わせるのが上手なフランス人男性は本当に多くいます。知り合いのシャプティエさんという醸造家の男性も、ユーモアあふれる方でした。少しぽっちゃりしており、髪も薄く、お世辞にもイケメンではありませんでしたが、彼のまわりにはいつも自然と人が集まってきました。

そして男性は、笑顔が素敵な女性が好きです。

鏡を見ながら、自分が一番かわいく見える「キメ顔」を練習するのもいいのですが、男性が好きなのは、心から笑ってくれる嘘のない笑顔です。

人生は楽しむものであり、笑いが欠かせません。笑いは若さの秘訣でもあります。あなたのまわりに、話し上手で笑わせ上手な男性がいませんか？　そんな人とお付き合いすれば、きっと楽しい人生が待っていますよ。

モテたいという欲求は日本特有？　八方美人は破滅を招く

モテメイク、モテコーデ、モテ髪……。日本人女性は、どうしてそんなにモテたいんでしょうか。

フランスの雑誌では、「モテ〇〇〇」といった特集を見たことがありません。フランス人女性には、不特定多数の男性に好かれたいという気持ちはないようです。恋愛を楽しみたいという欲求は強いのですが、男性に対してけっして媚びません。好き嫌いがはっきりしているというのもありますが、男性が好きであろう女性像に自分を合わせようとはしないのです。

どうして日本の女性誌では、モテることに重点が置かれているのでしょうか。相手に気に入ってもらうために、努力をしなければいけないのかもしれません。

でも、男性に好かれることに自分の価値を見出すというのは、人の判断に委ねる行為です。それは、少し不幸な気がします。

実は私も若い頃は、そうしたイメージにとらわれている部分がありました。日本の男性は清楚で上品な人が好きですし、人にいい印象を与えたいと思って、自分らしくないファッションに身を包んだこともありました。でも、何か違うなと感じる自分もいました。本来の自分とは違うことをやり続けるのは不可能です。ずっと八方美人ではいられません。

自分に無理をさせながら男性の好みに合わせた結果、条件のいい理想の相手と結婚できれば、一時的には満足かもしれません。でも、その幸せは永遠ではありません。「結婚したら彼女が変わった」という男性がなんと多いことか。そんなふうに相手に幻滅されては、関係は長続きしないでしょう。

好きな人や恋人に好かれたいという気持ちはわかりますし、そのために努力するのはいいことです。でも、不特定多数の人に好かれる必要はありません。

最近は自分から告白する女性も多いと思います。自分にもっと自信を持って、自分らしく生きてください。そんな偽りのないあなたを愛してくれる男性と、一対一のいい関係が築けるように。

フランスのレディーファースト。それは騎士道精神の名残り

騎士道は中世ヨーロッパで台頭した、礼節、寛容、名誉、女性への奉仕などを重んじる騎士階級の行動規範です。レディーファーストのマナーは、女性を大切にするこの騎士道に由来していると言われています。

フランス人男性は、今も生粋の騎士《ナイト》です。女性のためにドアを開けてくれたり、上着を脱がせてくれたり、椅子を引いてくれたり。世界でも、そういう行動をごく自然にできる筆頭は、フランス人男性だと思います。

近頃、アメリカを中心に欧米諸国では、男女平等を主張するあまりレディファーストを逆差別ととらえるような風潮があるそうです。対等なのだから男性が女性にサービスするのはおかしいという批判があるのです。

そんな中でもフランス人男性は、哲学として昔ながらの騎士道精神を持っているため、女性に対してナイトとしてのふるまいをごく自然に続けています。これは、小さい頃から母親が息子をかなり厳しくしつけているためです。

日本はどうでしょうか。日本にも武士道がありましたが、これは女性に対してというより、主君を優先するイメージです。レディファーストの伝統がないためか、30代以上の女性は「おばさん」と呼ばれる始末です。フランスでは滅多にないことです。

フランスではむしろ、男性はしばしば年上の女性に恋をします。たとえば『ブラームスはお好き』というフランソワーズ・サガンの小説がそうです。映画化もされた『愛人　ラマン』を著したマルグリット・デュラスは晩年、若い男性に看取られました。

「そんなの、映画や小説だけの話でしょ」と思うかもしれません。でも、史上最年少の39歳の若さでフランス大統領になったエマニュエル・マクロンも年上女性に惹かれたひとりです。奥様のブリジットとの年の差はなんと24歳。好きになったら年齢は関係ないのです。

ふたりが出会ったのは高校でした。マクロンは16歳の時、演劇部の指導をしていた40歳のフランス語教師ブリジット・オジエールに恋したのです。当時、彼女は結婚しており、子どもが3人いました。そのうちひとりは、マクロンと同い年です。ふたりの恋は噂になり、マクロンは転校させられることになったのですが、その時、17歳だった彼は「僕は必ず、あなたを迎えに戻ってくる！」と、ブリジットにプロポーズしたのです。

ふたりが結婚したのは、ブリジットの離婚が成立した翌年の２００７年。マクロンは29歳、ブリジットは54歳になっていました。障害を乗り越え、出会ってから13年後、ついにふたりは結ばれたのです。情熱的ですよね。世間がなんと言おうと愛を貫く姿勢は、本当にすばらしいと思います。

このように、常にフランス人男性は女性の前ではナイトであり、騎士道精神によって生涯、女性を守り続けるのです。

日本の恋愛では、どうしても女性の年齢が障害になってしまいますが、フランスでは年齢に関わらず、自然と恋愛関係になれます。

もっとオープンに恋をしたり、友情を築いたりしたければ、まずは自分が年齢で人を判断したりしないことです。「もう年だから」などと、自分の年齢を気にしないように心がけていればナイトは必ず現れます。

高嶺の花の男性を口説くポイント

自分にとって手の届かない男性。そんな男性を好きになった時、どうしますか。諦める？　当たって砕けろ、の精神で告白する？　フランス人女性ならどうするでしょうか。

フランス人女性は、男性を褒めるのがとても上手です。しかも、その褒め方には脱帽します。それで相手の心を掴みます。

たとえば、背が高くてすらっとした男性に「背が高くてカッコいい」とか、「俳優さんみたい」などと言っても、その男性には響きません。言われ慣れているからです。

じゃあどうするかというと、本人が気づいていない点を褒めるのです。たとえば「後れ毛が素敵」とか、本人には見えない部分について触れると、相手はドキッとします。

私も真似してみたところ、実際かなり効果的でした。

こんな方法もあります。どんな男性にも、ひとつやふたつ、必ずこだわりがあります。

その部分を見抜いて褒めるのです。しぐさや服装、香りなども効果的です。

もっと軽い場面でも、フランス流の褒め言葉はとても有効です。たとえば、パーティでさまざまな人とコミュニケーションを楽しむ時。ほんのひとこと相手を褒めると、お互いの距離がぐっと近づきます。

男性に限っていえば、一番褒めて喜ばれやすいのはネクタイです。ネクタイを観察してみて、もしブランドがわかったら、それを伝えるのです。「そのネクタイ、エルメスじゃありません？」と声をかけ、「よくわかったね」と。そこから楽しい会話が始まりました。靴、ベルト、時計などもいいと思います。

ファッションに特徴がない場合は、「笑顔が素敵ですね」といった、簡単な言葉はいかがでしょうか。

私は、素敵な男性には「エレガント」という言葉をよく使います。歩き方や、グラスの持ち方など、ちょっとしたしぐさが素敵な人に、ぜひ使ってみてください。

素敵だなと思ったら、ただ思うだけでなく、声に出して相手に伝えることが大切です。

「優しいですね」といった誰でも使うような表現でも、本当にそう思ったのなら、ぜひ口にしてみてください。相手はその褒め言葉によって、あなたを評価してくれます。たとえば、「エレガントですね」と伝えれば、あなたはエレガンスがわかる人なんだと思ってもらえるのです。

褒められていやな気分になる人はいません。社交辞令のお世辞ではなく、その人のいいところやこだわりを見つけて、伝えてみてください。

これは同性に対しても同じです。「褒める」ことで、必ずコミュニケーションが円滑になります。

身分不相応な場に出かけて新しい恋を引き寄せる

日本人女性は、実年齢より若くかわいく見えることを意識する人が多いようです。フランス人女性たちはむしろ逆で、大人っぽく見せようとします。

私自身は、フランス人のように、たまにはちょっと背伸びすることも大切だなと思います。ちょっと背伸びをしたことで、少しずつステップアップすることができ、それが今の活動につながっています。

イメージとしては、子どもがつま先立ちになって、窓の向こうを覗こうとしている感じです。身分不相応と思えるような挑戦によって、知らない世界を覗くことができるのです。

20代の時に行った南仏サントロペの旅は、私を経験豊かにしてくれました。

サントロペはマティスやポール・シニャックも描いた、南仏らしい美しい漁村です。欧米のセレブが集うバカンス地としても有名です。

私はそこで一番とされる高級ホテルの、一番安い部屋をとりました。

これは特に、若い女性たちに心からおすすめしたい旅の仕方です。高級ホテルなので安全ですし、部屋は小さくてもサービスは最高級だからです。滞在日数を縮めてでも、質のいいホテルを選んでほしいと思います。

その理由は、もうひとつあります。

それは、宿泊客がハイレベルだということ。

見ているだけでファッションや身のこなしを学ぶことができます。私は彼らのお茶の飲み方や歩き方など、何から何まで観察しました。

普段なかなか知り合えず、話すことができないクラスの男性にも声をかけられました。

さらに思ってもいないような出来事も起こりました。そのサントロペでアメリカ人の外科医夫妻と知り合い、なんとニューヨークへ遊びにいらっしゃいと誘われたのです。

サントロペ旅行のあと、私は英語を勉強するためにケンブリッジに留学することになっていました。さすがにニューヨークへ行くのは難しいかなと迷ったのですが、せっかくのお誘いなので、ニューヨークへ向かいました。

ニューヨークに到着すると、ご主人が空港まで迎えにきてくださり、ホテルへ送り届けてくれました。

初めてのニューヨークだと伝えると、翌朝、ご主人がまた車で迎えにきてくれました。ニューヨーク市内を案内してくれるものだと信じ切っていたのですが、車はどんどん郊外へ向かっていきます。どこへ行くのか聞いても、「楽しみにして」と言うだけではっきりとは答えません。

連れて行かれた先は空港でした。そこに待ち受けていたのは、プライベートジェットです。なんと、空からニューヨークを見物させてくれたのです。とても特別な時間を過ごすことができました。

パークアベニューにあるご自宅にも招待されました。そこはなんと、14室も部屋がある素敵な大邸宅でした。

いつも身の丈に合った居心地のいい環境に安住してしまうと、どうしても出会いが限られてしまいます。

新しい世界を見てみたい。素敵な男性と出会いたい。そう思ったら、ちょっと背伸びをして、自分の居場所より少し上を目指してみてください。不思議と、素敵な話が舞い込んできます。

たとえそれが少しハードルの高い話でも、「私なんかには無理」と尻込みしたりせずに、思い切って挑戦してみてください。

ちょっと勇気を出してハードルを乗り越えれば、新しい挑戦がやってきます。そしてまた、次の新しい世界に飛び込んでみるのです。

少しずつ自分の枠を広げて、素敵な人たちと出会ってください。待っていても恋は生まれません。ぜひ自分で、新しい出会いを引き寄せてください。

別れても自分が成長できれば、その恋は成功

恋をすれば、それが終わりを迎えることもあります。恋多きフランス人は、どうやって失恋を乗り越えているのでしょうか。

基本的に、彼女たちは落ち込んでいるだけでは次の恋愛につながらない、というスタンスです。

フランス人女性にとって重要なのは、恋が終わった時に自分が成長できたかどうかです。たとえば、恋人に愛されたことで自分のことがもっと好きになれたのなら、たとえ別れる結果になっても、その恋は成功と言えます。失恋を含め、恋愛経験を重ねることが、自分の成長につながると考えているのです。

日本では失恋をマイナスなこととしてとらえがちですが、失恋を経験したことで深みのある人間に成長できたなら、その失恋も悪いことばかりではない、というわけです。

私もフランスの男性と恋をしたことがあります。情熱的で独特な世界観を持ち、手紙をよくくださる方でした。最終的に結ばれる運命ではなかったのですが、彼の手紙や言葉によって私は心が豊かになり、人として成長できたと思います。これまで失恋にネガティヴなイメージを持っていましたが、彼との恋愛で、人生観が変わりました。

相手がフランス人だからとか、日本人だからということは関係ありません。

その人との恋愛を通して自分の成長を感じることができたなら、その恋は成功です。

別れた直後は本当につらいと思いますが、自分はこの恋愛で成長できたのか、ぜひ振り返ってみてください。あまり成長を実感できなかったとしても、それはそれで、経験として次の恋愛に役立ちます。

ひとつひとつの恋を真剣に生きて、前の恋愛と比べないことも大切です。

結婚や恋愛成就を目的にせずに、純粋に恋をしてみるのも、いいものですよ。

「日本人女性を知るとフランス人女性には戻れない」って本当？

「一度日本人女性と恋に落ちると、二度とフランス人女性に戻れない」と、フランス人男性は言います。本当でしょうか。

世界の男性たち、特にフランスの男性はたしかに日本人女性に好意的です。シャネルの元日本支社長、ミシュラングループのシニアアドバイザー、ゴディバジャパン社長ほか、日本で活躍する多くのフランス人男性の奥様は、日本人女性です。

では、日本人女性のどんなところに惹かれるのでしょうか。

フランス人男性が絶賛する日本人女性の良さは、肌がきれい、黒髪が美しい、おしゃれ、清潔感があるといった外見や、相手の話をよく聞く、さりげなく男性を立てる、面と向かって人を責めない、気持ちを察してくれる、レディファーストを当たり前と思わず、ささやかな感謝を示すといった配慮だそうです。

ちょっと古風なイメージではあるものの、どれも日本人にとってはさほど特別なことではありません。

つまり、日本人女性は、自分たちの本来の魅力に気づいていないと言えます。それで、日本人らしさを捨て、欧米の生活スタイルやファッションを取り入れることに夢中になっているのはもったいないことです。

私も若い時はそうでした。学生の時、フランスへ語学留学してからは、毎年のようにフランスへ行って、まわりには「フランスかぶれ」と批判されたものです。

日本と同じように、長い歴史を誇る国。その文化芸術に敬意を持てる国。それがフランスです。

そんなフランス人男性は、「フランスかぶれ」の私ではなく、日本ならではの良さを持っている私に好意を示してくれました。

日本では核家族化が進み、昔なら親から子へ、孫へと自然に伝承されたものが、途絶え始めています。

日本にはない新しいライフスタイルを模索する一方で、日本古来の文化や生活習慣をおさらいして自分のものにできれば、日本でも、国際的な場でも活躍できるすばらしい女性になれます。なぜなら、フランス人男性、いえ、世界の人々は、そこに憧れと尊敬を持ってくれるからです。

私はフランス人女性もすばらしいけれど、日本人女性はもっとすばらしいと思っています。

フランス人女性のセンスの良さや、自然な美しさも取り入れつつも、優しく感性のある日本人らしさをさらに磨き、輝く女性になってほしいです。どうか今の自分に、もっと自信を持ってください。

CHAPTER

4

フランス人は
食べても太らない？
（食、健康）

フランス人の朝食、クロワッサンの贅沢は日曜だけ

フランスの朝食と聞いて思い浮かべるのは、なんでしょうか。カフェオレとクロワッサン？

カフェオレにクロワッサンを浸して食べるのが好きなフランス人は多いですが、バターたっぷりのクロワッサンはとにかく高価で高カロリーです。同じく値段もカロリーも高いブリオッシュも、週末の贅沢です。

では、普段は何を食べているのか？

フランスの主食は、バゲット（フランスパン）です。日本人がお米を食べるように、フランス人はバゲットを食べています。

最近は、カフェオレよりカフェノワール（ブラックコーヒー）を飲む人が増えてきました。朝はバゲットとブラックコーヒーで軽くすませるのが主流になりつつあり、朝食をとらない人たちも増えているそうです。

バゲットは国民食であり、主食であるため、かつては法律で価格の上限が定められていたほどです。現在は廃止されていますが、慣習は残っており、今でも1本1ユーロ前後で購入することができます。

主食のバゲットが食べられなくなると困るので、フランスのパン屋さんは自分たちの都合で勝手に休むことができません。店の休日は条例によって定められており、地区ごとにずらして休みます。

というのも、バゲットは焼き立てを食べるのが基本だからです。フランスのいいところは、バゲットを買えるブーランジェリー（boulangerie パン屋さん）がいたるところにあり、朝早くから開いていることです。

かつては朝早くに焼き立てのバゲットを買いにいくのは、どの家庭でもだんなさんの役目でした。

友人宅に泊まっていた時もそうでした。朝起きてウォーキングをしようと外に出ると、友人のだんなさんがバゲットを抱えて帰ってきたのです。その頃、友人はまだベッドの中で寝ていました。

最近の若い人はあまりしないようですが、うらやましい習慣です。

バゲットを食べるのは朝だけではありません。お昼になると、バゲットのサンドイッチをよく食べます。日本のおにぎりのような感じです。

チーズとハムとバターを挟んだジャンボン・フロマージュや、ハムとバターだけのジャンボン・ブールなど、シンプルなバゲットサンドがみんな大好きです。

子どものおやつにはバゲットに板チョコを挟んだものを食べさせることもよくあります。

フランスへ行った際は、焼き立てのバゲットをぜひ味わってみてください。素朴なフランスの幸せが、口いっぱいに広がります。

最近は日本人もフランスのブーランジェリーで修行する人が多く、日本にいながら本格的なバゲットを買えるようになってきました。おかげで私も自宅にいながらその幸せを堪能しています。

学食も家庭料理も、ダイエット中でも3皿のコースで

フランスへ行ったことがある方なら、フランス人の食事の長さに驚いたことでしょう。フランス人は食事に時間をかけます。食事はただ栄養を摂取する場ではなく、コミュニケーションを楽しむ場だからです。

フランス料理の基本は3皿で、豪華なディナーやパーティでは5皿になることもあります。

日本のレストランに慣れていると、なかなか次のお皿が出てこないフランスのレストランに、苛立ちを覚えるかもしれません。でもフランス人は、みんなで楽しく話しながら、次のお皿が来るのを待ちます。そうすることで、コミュニケーションや温もりの時間を長く持てるわけで、料理を待たされているわけではないのです。

日本では特にランチの時は、手軽なワンプレート料理が人気ですが、すべてを1皿にまとめると、きれいなのは最初だけで、すぐにぐちゃぐちゃになってしまいます。

日本には小さくてかわいい和食器がたくさんあるので、自分で料理を作る時は、食器や盛り付けを工夫して、見た目を楽しむのもいいと思います。

短期間でダイエットをしようと思うと、食事を抜くことが多いですが、フランス人はダイエット中もしっかり3皿食べます。

ただし、いつもより少なめに盛るなど工夫して、食事の時間は普段どおりに大事にしています。量が少なくても、3皿食べることで満足感を得られます。会話を楽しみながらゆっくり食べれば、消化によく、食べすぎの防止にもなります。

日本ではお母さんが早く食卓を片付けたいがために、「早く食べなさい！」と子どもを急かすことがありますが、フランスではあまりありません。

早く食べるという発想がそもそもないため、欧米のほかの国と比べると、フランスにはファストフード店もいまだに少ないのです。仕事の合間のランチに、2時間かけることも普通にあります。

フランス人の食事の長さに驚かされるのは、何も日本人だけではありません。19世紀のロシア人すら驚いたという逸話があります。

気軽に利用できる小さなフランス料理店は「レストラン（restaurant）」ではなく「ビストロ（bistro）」と呼ばれますが、ビストロはロシア語で「早く」という意味だそうです。

パリは19世紀初頭にロシア軍に占領されましたが、パリにやってきた多くのロシア兵士が、フランス料理が出てくるのがあまりにも遅いため、「ビストロ！」という言葉を連発したからと言われています。今も伝統的なビストロには、ロシア料理のボルシチのようなスープを置いているところもあるそうです。

ゆっくり食事を楽しんでいたフランス人の習慣からビストロが生まれたなんて、面白いですね。

チョコレートは太らない？

フランスの街中でよく見かけるスイーツのお店といえば、ショコラトリー（チョコレート専門店）。フランス人は男性も女性もチョコレートが大好きです。食べると元気になるし、美容にもいいし、あまり太らないからです。

「チョコレートを食べて太らないわけがない」と思っている方もいるかもしれませんが、それはたしかにそうです。チョコレートならなんでもいいというわけではありません。

日本人が思うチョコレートと、フランス人が日常的に食べているチョコレートは異なります。

フランスで現在よく食べられているのは、カカオ含有量が高いハイカカオチョコレートです。カカオに含まれるカカオポリフェノールには抗酸化作用があるので、美肌やアンチエイジングにいいとされています。

これには体脂肪を抑える働きもあり、食物繊維が多く含まれているため、ダイエットの敵どころか、ありがたい味方なのです。

最近は日本でもカカオ濃度を記載したハイカカオチョコレートが人気になっています。私はよく70％くらいのものを食べています。芳醇な香りがしておいしいですし、健康効果も期待できるので、ぜひ試してみてください。

日本でチョコレートが一般に広まるようになったのは戦後です。ミルクや砂糖や香料をたっぷり入れて食べやすくしたものでした。そうしたミルクチョコレートにはカカオがあまり含まれておらず、ホワイトチョコレートにはまったく入っていません。

カカオ豆はもともと中南米原産ですが、大航海時代にヨーロッパに伝わり、ヨーロッパ貴族の間でチョコレートが愛されるようになりました。その後、ヨーロッパ諸国は植民地化を進めたアフリカで、カカオの栽培を広めたのです。現在、カカオ豆を最も多く生産しているアフリカのコートジボワールは、かつてフランスの植民地でした。

今はさまざまな国から高品質のカカオ豆を輸入しています。フランスのグルノーブルから作曲家ベルリオーズの生誕地へ向かう途中で、チョコレート工場を見学したことがありますが、そこでもカカオ豆の選定から丁寧に行っていました。

こうしたハイカカオチョコレートとは別に不動の人気を誇るのが、ショコラティエ（チョコレート職人）がひとつひとつ丁寧に作る粒タイプのチョコレート、ボンボン・ショコラです。

高価なので、チョコレート好きのフランス人でも日常的に食べるわけではありません。

自分へのご褒美や、贈り物にする特別なものです。

フランス人の方に何かちょっとしたプレゼントを贈りたい場合は、こうした高級チョコレートが喜ばれます。

毎日水を1・5リットルは飲む

モデルさんたちがよく水を飲むと聞いて、意識して水を飲まれている方も多いのではないでしょうか。

実はフランス人は、昔からよく水を飲みます。健康を意識してというよりは、パリやフランスの街の多くはとても乾燥しているので、喉の渇きを感じやすいからです。

少し話がそれますが、年齢の割には、日本人よりフランス人のほうがシワができやすいのも、そんな空気の乾燥が原因しています。

昔、カナダで美容関係の仕事をしていたフランス人の友人から「水はたくさん飲んだほうがいい」と言われました。今でこそ、水分摂取が美容や健康にいいことは誰でも知っていますが、当時の日本にはそのような情報はまだ入ってきていませんでした。

水分補給が本当に体にいいのかと半信半疑ではありましたが、美容の仕事をしている人からの勧めなので、それ以来、私も意識して水を飲むようにしました。

日本は水が豊富ですし、水道水も問題なく飲めますが、フランスではミネラルウォーターなどを買ってきて飲むのが普通です。アドバイスに従ってミネラルウォーターを飲むようになると、いつの間にか便秘症がおさまり、体調がよくなりました。

ミネラルウォーターならなんでもいいかというと、そうではありません。

日本は軟水ですが、フランスの水は基本的に硬水です。日本でもよく売っているボルヴィックは、ヨーロッパではめずらしく軟水なので、日本人には飲みやすく感じられます。

でも、健康により効果的なのは、硬水のエビアンです。硬水は軟水より、デトックス効果が高いからです。ダイエットや美容には、カルシウムやマグネシウムなどをさらに多く含む超硬水である、コントレックスがおすすめです。

私は今、朝500ミリリットルの水を飲んでいます。コップ3杯分ぐらいでしょうか。起きてすぐ飲むことで、胃が刺激されます。いろいろ試した結果、1杯ではあまり効き目がないのですが、3杯飲むと確実にお通じがよくなり、効果を実感しています。

水をしっかり飲めば、大腸がきれいになり、血液もさらさらになって、美容や健康にいいのですが、飲みすぎには注意してください。多量摂取すると血液中のナトリウム濃度が低下し、水中毒になってしまうそうです。

水といえば、日本をよく知るフランス人がよく質問してきます。

「東京は景観に統一感がなくて、お世辞にも美しいとは言えない。だけど、道にはごみも落ちていないし、公共の場所は清掃が行き届いていて清潔ね。どうして?」と。

みなさんは、その理由がわかりますか?

答えを教えてくれた人がいます。徳川宗家18代当主の徳川恒孝氏です。

パリの日本文化会館の元館長、中川正輝氏が、パリに徳川恒孝氏をお迎えして講演会を開きました。そこで聞いたお話です。

1603年から1867年までの約300年間、太平の世を築いた江戸時代。鎖国という方針には批判の声もありますが、さまざまな良い面もありました。

そのひとつが、開幕１００年後、世界で類を見ない人口１００万都市になっていたことです。そして、幕府は大都市に見合うインフラを整備しました。

特に神田上水や玉川上水を設営し、水質を確保しました。また下水処理に関しては、他国とは違い、江戸の人々は糞尿を川に捨てるようなことはしませんでした。

現在でも日本人のきれい好きは抜きん出ていますが、その原点は江戸時代に見ることができる、とのことです。

たしかにそうです。私は東南アジアの発展途上国のひとつに住んでいたことがあります。当時、水道の蛇口から出てくる水は飲んではいけない、なぜなら上下水道がきちんと区別されず、下水も混じっているから、と言われました。お風呂も女性は湯船に浸かってはいけない。細菌が子宮に入る可能性があるからだと、指導を受けました。

その真意は定かではありませんが、実際に暮らしている現地の方々がそういう危機感を持っていたことは事実です。

ちなみに、パリの水道水には、カルケール（calcaire）という石灰質が含まれています。

それが体に残るといけないので、ミネラルウォーターを買うそうです。

東京にいるフランス人はミネラルウォーター派もいますが、日本人に教えてもらって水道の水をそのまま飲む人や、浄水器を使う人がほとんどです。

「豊かで清潔な水」という点では、私たち日本人はとても恵まれていると感じます。おかげで、安心して、安価で「水美容」を実践できますね。

フランス人は本当に太らないのか？

「まえがき」でも触れましたが、フランス人はよくチーズとスープでダイエットをします。

「スープはともかく、チーズ？」と、最初に聞いた時は本当に驚きました。

「チーズは牛乳などの脂肪分からできているし、むしろ太るんじゃない？」と尋ねると、

「チーズはタンパク質を多く含んでいるし、発酵食品だから体にとってもいいのよ」と友人は答えました。

発酵食品というと、日本では納豆などがよく食卓にあがりますが、友人に言われるまでは、チーズを発酵食品と意識して食べたことはありませんでした。

発酵食品なら体にいいでしょうし、チーズは低糖質なので、日本でも大ブームになっている、糖質制限ダイエットをしている人たちの大きな味方になります。

何よりチーズはとてもおいしいですし、脂肪分の少ないタイプのチーズを選べば、食事制限をしていても取り入れやすいそうです。


発酵食品がなぜいいかというと良い菌を増やすからです。

腸の中には良い菌と悪い菌がたくさん住みついています。食べ物に気をつけているのにいつもおなかの調子が悪い人がいますが、それは腸内細菌の質が悪いからです。

腸の中の善玉菌はだいたいがビフィズス菌です。この力は大変なもので、体内に入ってくる悪い菌、コレラ菌、赤痢菌などを瞬く間に防御するといいます。この乳酸菌をたくさん増やすのは、ひとつの酵母(N＝アセチル＝D＝グルコサミン)という物質です。それが発酵食品には豊富に含まれているのです。

でも、前述の納豆のように、発酵食品は日本の伝統食材にもたくさんあります。

味噌、醤油、酒などを造る時に使われる「こうじ菌」の中に酵母はたくさん含まれています。日本では昔から味噌などを家庭で手作りして大切に食べてきました。

健康志向のフランス人はこのことをよく知っていて、パリのスーパーや高級食料品店でもお味噌が売られています。「Ｍｉｓｏスープ」が大好きなフランス人は多いのです。

ある三ツ星レストランのフランス人シェフは、隠し味に八丁味噌を使っている、という話も聞きました。身体にいいだけではなく、味に奥行きを出すことも理解しているのでしょう。

さて、フレンチパラドックスという言葉を聞いたことがある人もいるかもしれません。これは、ポリフェノールが多く含まれている赤ワインを飲むと脂質の代謝が改善され、動脈硬化や心臓病の予防に効果があるという事象です。

伝統的なフランス料理には、チーズだけでなくバターや生クリームも多く使われています。動物性脂質の摂取量が多いわりにはフランス人がほかの欧米人に比べて太っていないのは、たしかに頷けます。フランス人がたくさん食べているのに太りにくのは、赤ワインのおかげもあるかもしれません。

フランス人はコミュニケーションを楽しみながら時間をかけて食事をするので、量をたくさんとらなくても、満腹感を得やすいというのもあると思います。

また、なんといっても野菜たっぷりのスープの効用も大きいでしょう。

ダイエット中に限らず、フランス人はよくスープを飲みます。

マルシェで買ったばかりの新鮮な野菜をたっぷり使用すれば、栄養価が高く満腹感を得られますし、野菜に多く含まれている食物繊維にはデトックス効果が期待できます。

温かいスープを飲むと元気になるので、私もよく作ります。生クリームを使わないニンジンスープ、トマトスープ……。野菜スープのレシピをご紹介するので、ぜひ作ってみてください。

コラム　スープレシピ

昔習ったスープのレシピを3つご紹介します。どれもフランスの家庭でよく作られる、生クリームを使わない健康的なスープです。

体への好影響はもちろん、どんな悲しい時でも、温かいスープをいただくと元気になります。

〈ニンジンスープ〉

フランス語でニンジンのスープを「ポタージュ・クレシィ（Potage Crécy）」といいます。「クレシィ」とはパリ近郊の村の名前で、ニンジンなどの野菜の一大産地です。スープだけではなく、ニンジンを使った料理の名前にも、ときどき「クレシィ」の名前が登場します。とろみをつけるためにお米を入れますが、煮込む時間がない時は、代わりにジャガイモを入れても大丈夫です。

材料（6人分）

- ニンジン：400g
- 玉ねぎ：1／2個
- ハム：100g
- バター：50g
- お米：1／2カップ
- 塩、コショウ：適量

作り方

①ニンジンは大きめの乱切り、ハムと玉ねぎはみじん切りにする
②厚手の鍋にバターを溶かし、玉ねぎを透き通るまで炒めてから、ハムを加えて炒める
③ニンジンと水10カップを加え、塩、コショウを少々加えて、煮立ったら弱火で30分煮る
④洗ったお米を加え、さらに30分煮つめる
⑤火を止め、ミキサーにかけてから鍋に移し、温める

〈野菜スープ〉

いろいろな野菜を入れたスープはフランス語で「スップ・オ・ピストゥ（Soupe au Pistou）」といいます。田舎風のスープで、豆がたくさん入っています。コレステロールが気になる方にピッタリなスープです。マカロニの代わりに、貝やリボンの形をしたショートパスタを使うと、見た目がかわいくなります。

材料（6人分）

• ドジョウインゲン：100g

・ニンジン：2本
・ジャガイモ：3個
・ポークビーンズのカン詰め：300g
・マカロニ：100g
・トマト：2個
・ニンニク：2片
・バジル：少々
・グリュイエールチーズ：50g
・オリーブオイル：1／4カップ
・塩、コショウ：適量

作り方

①ドジョウインゲンは筋をとって8㎜の小口切りに、ニンジン、ジャガイモは8㎜の角切りにする。ジャガイモは水にさらす

②大鍋に水6カップと①の野菜を入れ、煮立ったら中火にして約20分ゆでる

③ポークビーンズ、マカロニを加え、さらに20分間煮る。トマトを湯むきしてから粗く刻み、加える
④おろしたチーズ、ニンニク、オリーブオイルをミキサーにかける
⑤とろりとした③に④を加え、塩とコショウで味を整えて、バジルを振る
⑥約10分煮て、できあがり

〈トマトスープ〉
「ポタージュ・ドゥ・トマト（Potage de Tomato）」は、エルブ（ハーブ）を利かせるととてもおいしいです。

材料（6人分）
- トマト：400g
- 玉ねぎ：1個
- ジャガイモ：2個
- セロリ：小1本

・オリーブオイル：大さじ1
・小麦粉：大さじ1
・パセリ：少々
・バジル：少々
・エルブ：少々
・塩、コショウ：適量

作り方

①トマトは熱湯にくぐらせて皮をむき、種をとって、ざく切りにする。玉ねぎ、ジャガイモは粗みじん切りにする。セロリは筋をとって小口から薄切りにする
②厚手の深鍋にオリーブオイルを熱し、玉ねぎ、ジャガイモ、セロリを入れ、弱火でゆっくり炒める。火が通ったら、小麦粉を振り入れて炒め、トマトを加える。約5分間煮て、湯7カップを注ぎ、塩とエルブで味を整えて、弱火で40分煮る
③いったん火を止めて、裏ごしするかミキサーにかけ、鍋に戻して温める
④スープ皿に刻んだパセリとバジルを入れ、その上に熱いスープを注ぎ込む

※もう少しコクを出したい時は、マディラ酒、シェリー酒、またはポルト酒を加えるといい。めいめいのスープ皿にスープを注ぎ入れたあと、小さじで少量を振りかけると、香りがぐっと引き立つ

★エルブ(herbes)

エルブとは香草の総称で、英語で言うハーブのことです。フランス料理では、以下のエルブをよく使います

・ローリエ：月桂樹の若葉を乾燥させたもの。最もよく使われる
・タイム：ユニークな香りを持ち、ローリエと同じようにさまざまな料理によく使われる
・バジル：甘い香りとわずかな辛味がある
・セルフィーユ：パセリをマイルドにしたような香草
・セイジ：サルビアの葉を乾燥させたもの。香りが強いので少量を効果的に使う。魚料理に合う
・マジョラム：高い香りとかすかな苦みが特徴で、ローリエやタイムと同じように使う
・エストラゴン：強い香りでフランス料理には欠かせない

・パプリカ：野菜のパプリカではなく、辛くない唐辛子の赤い粉末。爽やかな香りと色づけに
・カイエンペッパー：赤唐辛子の粉末でピリリと辛味を利かせる時に使う
・コショウ：フランス語でポアブル（poivre）。黒コショウは未熟のまま皮つきで乾燥させたもので、辛味が強い。白コショウは水に浸して皮を柔らかくしてから取り除いて乾燥させたもので、上品でまろやかな辛さ
・ナツメグ：にくずくの木の種。甘い刺激性の香りで、煮込み料理のほか、さまざまな料理に幅広く使われる
・クローブ：丁子の花のつぼみを乾燥させたもの。香りが強い。スープや煮込みには、野菜にさして煮たあと、取り除く
・マスタード：洋がらしのこと。フランスのマスタードはあまり辛くなく、まろやかな風味
・ブーケガルニ：セロリやパセリの軸にローリエやタイムを糸で巻いたもの。煮込みの香りづけに使う

最高のエクササイズは良い姿勢を保つこと

ここまで、フランス流のダイエットについて少し触れてきましたが、体型は個性ですし、私自身ダイエットを推奨しているわけではないのです。

私が気になっているのは、日本人女性の多くが、「太っちゃったから、この服は似合わないかも」「着るためにはダイエットしないと……」とネガティヴになり、自分を卑下して、着ることを断念してしまうことです。

フランス人女性は人の目は気にせず、自分が好きな服を着ます。しかも、普通の服を着ていても美しく見えます。どうしてなんだろうと最初は不思議に思っていましたが、姿勢だということに気づきました。

フランス人女性は姿勢がとても良いのです。姿勢が良いと、所作も美しく映ります。もともとの骨格に恵まれていることもあるでしょう。日本と違って床に座る習慣がなく、さらに小さい時から身についている歩き方の影響もあります。でも、日本人でも姿勢を良くすることは今日からでもできます。

たとえば、ヒールの高い靴を履くとひざが前に出てしまいがちですが、ひざを曲げずにおなかを引っ込めて腰を前に出すようにして歩くと、出した脚がまっすぐになってきれいに見えます。実際にやると難しいのですが、フランス人がひざを曲げずに美しく歩くのを見て、私も実践するようになりました。

また、姿勢を整えると筋力を使うことにもなるので、お金をかけずにエクササイズができます。

姿勢の次に大切なのが、顔の表情です。フランス人はもともと表情が豊かで、顔の表情筋をよく使っています。一方で、日本語はあまり口を動かさずに話すことができるため、日本人は意識しないと表情筋が動きません。ぜひ、手軽にできる顔のエクササイズを習慣にしてみてください。

まず口を開けて、歯と頬のあいだに親指を入れます。内側に骨があるので、それを上に20秒くらい上げて左右に広げます。さらに親指を上顎の真ん中にあてて押し上げます。一種の骨格矯正です。すぐに効果が出るわけではありませんが、毎日続けると、次第に頬がふっくらして魅力が増してきます。

ただ漠然とマッサージをするのではなく、「顔が上がる、上がる！」と自分を信じて褒めながらやるのがコツです。

ダイエットをする時も、「太りたくない」と思うのはあまりよくありません。太るというイメージがついてしまうからです。「私はほっそりしている」と思ったほうが、細くなった自分をイメージしやすくなります。

すでになりたい自分になっていることを、あえて口にするのです。自己暗示のようなものかもしれません。

服も同じです。堂々と自信を持って着れば、素敵に見えるのです。つまり、自然と似合うようになるということです。

まずは背筋を伸ばして、良い姿勢を意識してみましょう。それだけで、気持ちがポジティヴになります。

ジムには行かず、ただ歩いて体を鍛える

食事指導と運動により短時間で肉体改造ができるジムが日本ではやっています。しかし、もしフランスに支店ができても、おそらく繁盛しないでしょう。

フランス人はダイエットや健康維持のトレーニングに、お金を使わないからです。お金の問題だけでなく、インストラクターの指示に従ってメニューをこなしていくというスタイルも、個人主義のフランスではあまり好まれないでしょう。

では、フランス人はどんな運動を好んでするのか。それは、ウォーキングです。

フランス人は散歩が大好きです。ダイエットや健康のために歩くというよりは、散歩が好きで日々歩いていることが、結果的に健康につながっているといったほうが正しいかもしれません。

東京以上にパリには公園が多く、パリジャンはとにかくよく歩きます。自然豊かな地方ならなおさらです。

ひとりで歩くのはもちろん、週末になると家族総出で、特に目的もなくぶらぶらとただ歩くのです。フランスでは日曜日はお店が閉まっていることが多いので、ウィンドウショッピングをしたり、美術館に行ったり、とにかく歩きっぱなしです。

街には階段も多いので、自然に運動量が多くなります。

そういえば、今ではスカートにスニーカーを合わせるようなファッションが当たり前になっていますが、昔は大人の女性が街中でスニーカーを履くことはあまりありませんでした。

ヒールの高い靴を履いたフランス人の友人と歩いていた時、私は彼女が歩くスピードについていけませんでした。普段からそういう靴で歩いているだけに、フランス人女性の多くは足腰が鍛えられているのです。この点は日本人女性も、さっそく見習いたいところです。

バカンスへ行くともっと大変です。山へ行くにも海へ行くにも、私ならすぐ車を使ってしまうところですが、フランス人はほとんど車を使いません。よほどの距離でない限りはひたすら歩き、しかもそれ自体を楽しんでいます。

自然の中でランドネ（ハイキング）を楽しむのも定番です。どこへ行く、どの山へ登る、という目的を達成することよりも、太陽を浴びながら、ただ歩くことが喜びなのです。

そして、ビーチに出れば、海で水泳も楽しみます。

フランス人の友人や恋人ができたら、自然に運動不足が解消されることでしょう。

人生の時間の使い方は、食べること、飲むこと、愛すること

どんな時に、幸せを感じますか？　フランス人にそう尋ねたら、決まってこう答えるでしょう。食べること、飲むこと、愛すること。

フランス人は食生活と社交、コミュニケーションを大切にします。食べること、飲むこと、そして愛することには、手間や時間を惜しみません。人をもてなすのも大好きです。

マルシェで新鮮な食材を選び、家に花を生け、テーブルセッティングを整える。料理を3皿だけ用意して、食前酒や食後酒を考える。あとはひたすら交流を楽しむ。長い時間をかけて語っているうちに、恋が生まれることもあります。

私はフランス人の友人たちから、そんなもてなしの楽しさを学びました。

家に人を呼ぶなんて準備が大変と思うことでしょう。でも、料理は簡単でもいいのです。簡単なおつまみや、チーズだけでもかまいません。

フランスでは、さまざまなチーズを揃えたチーズパーティもよく開かれます。ウォッシュなど、いろいろな種類のチーズを用意したら、友人に好きなワインを持ち寄ってもらってもいいかもしれません。

私が知人の家に宿泊していた時のことです。

その友人が「日本から友人が来ているんだけど、食事前にちょっと寄らない？」と知り合いに声をかけてくれました。それで、仕事のあとにふらっと遊びにきた方々がいらっしゃいました。

仕事終わりの6時や6時半は、ちょうどアペリティフ（食前酒）の時間です。

その方たちは、ちょっとした飲み物と、クラッカーなどのおつまみを口にしながら、おしゃべりを楽しんで、「じゃあ、時間だから」と、さっと帰っていきました。

食前酒はそもそも、食事の前に胃を刺激して食欲を増すために飲む軽いアルコールです。「とりあえずビール」の日本の乾杯とはちょっと趣が異なります。というのも、フランス人にとって食前酒と食事は別物で、それぞれ違う場所で楽しむという暗黙の了解があるからです。

日本でも仕事のあとにお店に入り、軽く一杯飲むことはあると思いますが、わざわざ誰かの家に行って飲む、という発想はありません。よりくつろげる家という空間なら、会話にさらに花が咲きます。

フランスの夕食の時間は、早くても夜8時ぐらいです。家庭がある主婦でも、気軽に友人と食前酒を楽しんで、そのあと家族と食卓を囲むために帰路につきます。空き時間をうまく使って友人たちとのコミュニケーションを大切にするなんて、素敵な習慣だなと思います。

日本のマナーでは、食事中にしゃべることはあまりよしとされていません。子どもの時も、「口に物を入れながら話をしてはだめ」「さっさと食べなさい」と、しつけられたかたも多いのではないでしょうか。

仕事や勉強で、家族全員がなかなか揃わない日本の食卓は、家族団らんの場というより、食事をする場所。さらにいうなら、栄養摂取の場所になりつつあります。

かたやフランスでは、食卓は友情を育むところであり、愛情を育むところなのです。恋人だけでなく家族との愛も、食卓を通して深まっていきます。食卓は、フランスの幸せの象徴なのです。

食卓を豊かにすれば、人生をより楽しめるようになります。毎日は無理でも、たとえば曜日を決めて、家族や友人たちとのコミュニケーションを深めていきたいものです。

まずは友人数人から始めてみてはどうでしょう。家族と離れている人は、独身の友だち同士で誘い合うのも楽しいと思います。

コラム チーズパーティ

フランスはチーズ王国です。牛乳だけでなく、山羊乳や羊乳を使ったチーズもあり、フレッシュなものから熟成タイプまで、さまざまな風味が楽しめます。チーズパーティは切って並べるだけなので準備も簡単。異なる種類のチーズを揃えて、チーズ好きの友だちを招きましょう。


〈白カビ〉

表面に白カビを繁殖させて熟成させています。レーズンなどのドライフルーツとぴったりです。日本人の口に合いやすいまろやかな味わいです。カマンベールよりブリーのほうが大きく、一般的によりクリーミーです。

おすすめ：
・カマンベール、ブリー、ブリー・ドゥ・モーなど

〈青カビ〉

表面ではなく、内部に青カビを植えつけて熟成させます。独特の風味と刺激的な味わいがあり、塩分が強いため、甘口のワインや、ポルトガルのポルト酒との相性がいいです。

おすすめ：

- ロックフォール（古代ローマ時代から作られている青カビチーズの代表格で、羊乳を使っています）
- フルム・ダンベール（まろやかで食べやすい牛乳製）

〈ウォッシュ〉

表面を塩水、ブランデー、ワインなどで洗ってから熟成させます。強烈な匂いが刺激的で、塩分が強く、噛むほどに味わい深いチーズです。ドライいちじくと相性がいいです。

おすすめ：

- エポワス・フェルミエ（ブドウの搾りかすから作られる蒸留酒マールで洗っています。ゲヴュルツトラミネールのマールでウォッシュしたものも美味です。「フェルミエ」は農家という意味で、工場生産のものより味わい深いです）

・ルブロション・フェルミエ（サヴォワ地方の山のチーズです。エピセアの木の棚に並べて熟成しています）
・ポンレヴェック（クセがなく初心者におすすめです）
・マンステール（アルザス地方で作られており、ねっとり濃厚な味わいです）

〈シェーブル〉

山羊乳で作ったまろやかなチーズです。ソフトタイプからハードタイプまであります。アーモンドなどのナッツとよく合います。

おすすめ：

・クロタン（表面にカビが少しついている柔らかいタイプで、ロワール河上流で作られたクロタン・ドゥ・シャヴィニョールが有名ですが、ベリー地方のものもおいしいです）
・ほかに、ペルシエ・デザラヴィ、ボンド・ドゥ・ガティヌ、サントモールなど

〈ハード〉

水分を38％以下に抑えた硬いチーズです。半年から1年、または2〜3年熟成させます。

辛口のシャンパーニュとよく合います。

おすすめ：

・コンテ、ミモレット、ボーフォール（サヴォワ地方）、ブラン・ダムール（コルシカ産）、カンタル、アルディカ・プレビ・オ・レ・クリュなど

〈フレッシュ〉

クリームチーズなど、乳酸菌や酵素を加えて固める非熟成タイプ。ドライマンゴーなど、甘めのフルーツやドライフルーツとよく合います。

おすすめ：

・フロマージュブランなど

CHAPTER

5

バカンスに行ったら
次のバカンスのことを考える
（金銭感覚）

バカンスの予定は3年先まで決まっている

フランス人は「バカンスのために生き、バカンスのために仕事をしている」と言っても過言ではありません。バカンスの最中に次のバカンスの計画を立てるほどで、多くのフランス人は3年後のバカンスをどう過ごすかまで、すっかり計画済みなのです。

フランスはとにかくバカンスが多い国で、春のイースター（復活祭）やクリスマスにはそれぞれ1週間は休みを取ります。また、秋には「トゥサン（万聖節）」という休みもあります。

仕事はもちろん大切ですが、バカンスのために仕事を犠牲にはしません。法律でも、有給休暇を1年に5週間取ることが定められており、5月1日から10月31日のあいだに最低2週間、連続して休むことが決められているのです。

このように、フランス人はバカンスがとにかく大好きで、稼いだお金のほとんどをバカンスに費やします。お金にシビアなフランス人ですが、バカンスのための出費は惜しみません。というのも、フランス人にとってバカンスは生活の一部だからです。「誰にも拘束されず、自由でいられる時間と空間が必要だから」というのが、彼らの主張です。長期の休暇を利用してリラックスする、恋愛を楽しむ、エネルギーを充電する。フランス人にとってバカンスは、生きていくうえで欠かせないもので、人生の最優先事項なのです。

自由なフランス人であっても、仕事の時は自分の思いどおりにならないこともありますし、ストレスも溜まります。だからこそ、バカンスで思い切り自分を解放して、すべて発散してしまいます。

バカンスというと何か豪勢なイメージがあるかもしれませんが、実際にフランス人のバカンスを見ていると、散歩したり、本を読んだり……とにかく自分がリラックスできればいいのです。何をするわけでもなく、ただただ束縛されない時間を楽しみます。

何ものにも支配されないことこそが最高のバカンスです。人や物に拘束されないよう、バカンス中はあえて何もしません。

温暖な気候や太陽の光への憧れが強いので、行き先は南を目指す人がほとんどです。家族であれば南仏。外国ではスペインや、フランス語圏のモロッコやチュニジアなどの北アフリカも人気です。東南アジアまで足を延ばす人も増えています。

でも、どこへ行ってもスタンスは同じで、とりたてて何もせず、ひたすら自由を謳歌します。

「何もしない」というのは、最高のストレス解消法です。たまにはこんな、「何もしない」ストレスフリーのバカンスを楽しんでみてはいかがでしょうか。長く休みをとれない方は、短くてもいいので、日常を離れた場所で一切の予定を入れず過ごすのです。

自分はこのままでいいのか、何をすべきかと悩んだら、ぜひ、ひとりで旅をしてみてください。学校では学べないことを学べるし、新たな自分に気づくことができるはずです。

ひとりで旅行をしていると、予想外の出会いも増えるものです。

私がギリシャにひとり旅をした時、現地でフランス人向けの1日ツアーに参加したことがありました。個人主義のフランス人も、気が向いた時にふらっと参加できる現地ツアーはよく利用します。

私はフランス語がまだあまりできなかったので、不憫に思ったフランス人ご夫妻と息子さんの3人家族が英語で話しかけてくれ、その後もツアー中一緒に過ごすことになりました。それが縁で、パリのご自宅にも遊びにいき、手紙やクリスマスカードのやりとりが続きました。大学生になった息子さんが日本に来ることになり、家に招いて一緒に食事ができたのもいい思い出です。

海外で外国の人によくしていただいたら、お礼状を書くのを忘れないでください。素敵な関係が続きますよ。

バカンスの宿泊先は友人の家

フランスでは、バカンス中に家を交換することがよくあります。たとえば、東京からパリへ遊びにいく私が、パリの友だちの家に泊まり、東京へ遊びにくる友だちは、私の東京の家に泊まるといった具合です。

人を家に招くのすらためらう日本人にとっては、信じられないことかもしれませんが、相手と信頼関係があればあんがい平気なものです。さらに別荘や親の家などを、お互いにバカンスの滞在先として提供することも多いので、長期滞在でもそれほど金銭的な負担がかからないのです。

最近はシャンブル・ドット（Chambre d'hôte）を利用する人も増えてきました。フランスに昔からある、日本の民宿やゲストハウスのような宿泊システムです。イギリスなどの、ベッド&ブレックファスト（B&B）に少し似ていますが、フランスでは主に農家や郊外に大きい家を持つ一般家庭の人たちが、空き部屋をゲストルームに改装して貸し出しています。

ホテルに比べるとリーズナブルなので、その点でも重宝されています。朝食など、食事がつくことも多く、それも楽しみのひとつです。

オーナーと交流して、ホームステイのような気分を味わうこともできます。親戚の家に遊びにいったような感覚で、わからないことも聞きやすいですし、病気など万一のことがあった場合にも、安心感があります。

フランス人の日常生活を垣間見ることができるのも、楽しみのひとつです。

その土地の特産品や、地元の人しか知らないおすすめの場所を紹介してもらったりということもあるでしょう。たとえば地元のおいしいワインを教えてもらったら、作り手のところも訪れるなど、旅に広がりが出るのもシャンブル・ドットのいいところです。

今はコロナの影響で海外に気軽に行かれる状況ではありませんが、フランスを旅行する機会があれば、ぜひ試してみてください。

フランス人は倹約家

バカンスなど大切なものにはお金を惜しまないフランス人ですが、自分が無駄だと感じるものにはお金を使いたがりません。

初めてフランスでホームステイをした時に驚いたことです。階段に近づくと電気がつき、登り終わるとすぐ電気が消えてしまいました。さらに上の階へ行こうとすると、今度はその階段の電気がついたのです。

必要な時だけ点灯するという、フランス家庭の徹底した節電対策に驚きました。

電気だけでなく、水道も同様です。

フランス人の友人の別荘に泊めてもらった時、自分が使った食器ぐらいは洗わなければと思って、いつものとおりに洗っていました。すると、友人に「水をもっと細く出して洗って」と言われてしまいました。あまり意識をせずに蛇口をひねっていましたが、水を出す量が多かったようです。

習慣はなかなか変わらないもので、コルシカ島でお皿を洗っていた時も、「水を出しすぎ！」と注意されました。

節水や節電をすれば、節約につながりエコにも貢献できます。

日本人だと誰かと食事に行く時に、ケチだと思われたくなくて高い店を選んだり、必要以上に多くオーダーすることがあるでしょう。でも、フランス人は見栄のためにお金を使いません。

見栄を張るということは、自分に無理をしているわけで、それもストレスの原因になります。フランス人のように見栄を張らず、自然体な生き方を、ぜひ見習いたいものです。

節約しながらも、バカンスのように自分が本当に大切だと思うことにお金を使うことができれば、人生はとても豊かになるのですから。

お金持ちでも、センスがなければ意味なし

ファッションでもインテリアでも、フランスには一点豪華主義という概念はありません。フランス人の家に遊びにいくと、すべてのバランスがよく、何かがひとつだけ浮いているようなことがないのです。ブランド品や高級品などの特別なものはなくても、すべてのものが不思議と調和しています。物の金額ではなく、組み合せ方のバランス感覚がいいのだと思います。

一番感動したのが、東京に住んでいたフランス人の友人の家です。最初にその空間に足を踏み入れた時は、本当に驚きました。

彼女が住んでいたのは、古い日本の一軒家でした。フランス風の邸宅に住んでいると思い込んでいたので、初めて行って外観を見た時は、見慣れた日本家屋に少しがっかりしました。でも、扉を開けてリビングダイニングに足を踏み入れてびっくり。日本の民家とは無縁な、赤いテーブルセッティングが目に飛び込んできたのです。

円い大きなテーブルに赤いクロス(高級テーブルリネン・メーカーBeauville／ボーヴィレ社製)がかけられ、赤いお皿が8枚並んでいます。ナプキンもテーブルクロスと同じ赤です。テーブルセンターにある花瓶の花も、赤のグラーデーションになっていました。あとから、食器はKENZOのものだと知りましたが、ブランド品を前面に出すのではなく、まわりとうまく調和させていました。

赤は日本の家庭でもフランスの家庭でも日常的に使う色ではないかもしれませんが、ゲストのためにそうしたセッティングをさらっとできるところが、本当に素敵だなと思いました。

色だけではありません。マントルピースの高さと廊下の棚の高さがほぼ一致していました。よく見ると、緑豊かな庭におろされた、すだれの高さまで同じでした。マントルピースとすだれという、まったく趣の異なるもの同士が、目線をうまく揃えることで、すっきりと調和していたのです。

さらに壁のしつらえまで含めて、まるで絵画のように計算されていました。


高い食器を買うことはできても、それを食卓や部屋全体と調和させるセンスは、すぐ身につくものではありません。やはり、人を招き、招かれ、いろいろなものを目にしていくうちに、センスが磨かれていくのだと思います。

それ以来、私はいいなと思ったものをまったく同じように真似するのではなく、イメージやアイディアを自分なりに消化して、自分の家に合うようにアレンジするようになりました。


安いものでも、色を工夫するだけで見え方がまったく変わります。最初は白で揃えるのがいいかもしれません。

あとは、いいものをひとつ買ってみるというのも手です。それを愛でているうちに、物の価値がわかるようになり、使い勝手のよさなどもわかってきます。

まずはひとつ買ってみて、それから少しずつ揃えていく楽しみもあります。次は何を買おうかと研究していくうちに、自然といろいろ理解できるようになります。次第に目が肥えてきて、数年後に趣味が変わっても、ほかのシリーズに乗り換えやすいという利点もあります。

そういう意味でも、定番が揃っている老舗の食器店のものがフランス人にも人気です。もちろん失敗もあるでしょう。でも、フランス人たちもそうやって、知らず知らずの間に、センスを磨いてきたのです。

お金で買えない贅沢〜南仏プロヴァンスのある1日

贅沢というと、豪華で高価なものを思い浮かべがちですが、お金で買えない贅沢もあります。フランス人はそうした形として残らないものを大切にしています。

では、お金で買えない贅沢とはなんでしょうか？

画家セザンヌの生まれた街としても有名な、エクス・アン・プロヴァンス。そこに友人の別荘があります。そこに招かれてある夏を過ごした時、その神髄に触れられた気がします。

旧市街のマルシェに行った時のことです。広場には泉があり、あたりには花があふれていました。ワゴンにハーブの小束が山のように並べられて、また別のワゴンは、色鮮やかな野菜が山盛りになってにぎやかそのもの。その土地独特の柄と色合いが美しい布地で作られた、テーブルウェアもありました。

私はその色彩豊かな光景に、すっかり魅了されてしまいました。フランスの女性たちが、パリの高級ブティック街より田舎のマルシェを愛している理由がわかった気がしました。

友人がある朝、ドライブに連れて行ってくれました。車が停まると、目の前に真っ白な山がそびえていました。セザンヌがしばしばモチーフに選び、よく絵画の題材にされる「サンヴィクトワール山」です。青い空と白い山、緑の林。言葉にすると陳腐ですが、あまりの美しさに息をのむとは、あのことかと思います。

また別の林の中を三匹の犬と歩いたこともありました。ずんぐりとしたオリーブの木々が生い茂り、白っぽい小石が散らばる小道の脇には、野生のハーブが生えています。

南仏の光は目に鋭いですが、その光が肌にまとわりつくと、優しい温かさに変わります。

青い空に顔を向け、ハーブの香りに満ちた空気を思い切り吸い込むと、なんとも心地いいのです。コットンパンツにスニーカー、薄いTシャツを通して、身体の中まで大地の匂いが染み込んできます。

私たち日本人女性は日焼け対策に必死ですが、フランス人女性たちは日焼けを恐れません。むしろ、南仏の光を浴びた肌の色はどんな高級コスメにも作り出せないと、誇らしく思っています。その気持ちがちょっぴりわかった気がしました。

マルシェや林なんて退屈でしょうか。ブティックが並ぶシャンゼリゼ通りやエッフェル塔に登ったりすることのほうが楽しそうでしょうか。

気負うことが何もない、質素で素朴な休日でしたが、私は心からリラックスできました。小さな喜びをたくさん見出せました。これが本当の贅沢なのだな、と全身で感じました。

南仏以外にも、フランスにはこういう場所が本当にたくさんあります。

フランスは優れた画家や音楽家を多く輩出しています。その原動力はなんなのだろうとよく考えます。きっと、こうした自然の中でエネルギーをチャージしたり、気のおけない仲間や家族とコミュニケーションを楽しむことでアイディアが生まれ、すばらしい作品を生み出せるんじゃないか、そう思っています。

お金で買える贅沢は、ちょっと頑張れば誰でも享受できるものですが、お金で買えない贅沢は自分だけの経験です。それが、自分らしさの根源である美意識を育てます。これこそが人生を豊かにする原動力になるのだと思います。

芸術作品でなくても、家庭料理やファッションでもいいのです。お金があればどんな服でも買えるけれど、アレンジするのはその人のセンスです。そうしたセンスや美意識は、いくらお金があっても買うことはできません。

そんなフランス人の価値観に触れて、お金で買えないことをやってみたいと思い、私は日仏芸術文化協会を立ち上げました。協会を通じてサロンコンサートを開催してきましたが、招いた子どもたちの笑顔は何ものにも代えがたい喜びとなっています。

お金で買えない贅沢は、日本でも、どこでも、味わえます。すぐそこにあるのに、ダミーの価値観に振り回されて、気づいていないだけかもしれません。

友人同士でお金は使わず、ホームパーティを楽しむ

ここまで読んでいただいてわかるように、フランス人との付き合いではお金がほとんどかかりません。

家で会うことが多いですし、誰かの家を訪問するにしても、基本的にお土産は不要だからです。

ディナーに招待されて、持っていくとしても、ワインやチョコレート程度です。もちろん、会費をとるなどのお金のやりとりはありません。

招かれたことに対する最上のお礼は、招き返すことです。

そう言うと、「うちは狭いから……」とか「賃貸だし、人を招くような家ではない」などと遠慮してしまう人もいると思いますが、フランス人はそんなことはおかまいなしに招き合っています。

招き合うことのよさは、金銭面だけではありません。友人の家に行けば、その人の友人と知り合うことができます。

共通の友人だけでなく、さまざまな知人を招くことで、交友関係が広がり、新しい世界を見ることができます。

私はこれまで、さまざまな友人を自宅に招いてきましたが、外国人には手巻き寿司が人気です。楽しんでもらえるうえ、こちらは食材を切って並べるだけで準備もラクなので負担になりません。

前章でも触れましたが、友人同士で気軽なアペリティフやチーズパーティもおすすめです。さらにカジュアルなフレンチ・カクテル・パーティを開くのも素敵です。パーティだからといって、広い会場である必要はもちろんなく、気軽に自宅のリビングなどでかまいません。

フレンチ・カクテル・パーティでは、グラン・マルニエやコアントローなどのフランスのリキュールを、炭酸などで割って楽しみます。カクテルのレシピやおつまみの作り方を紹介しておくので、ぜひ参考にしてください。

カクテルやチーズが好きではない友人がいたら、お茶やケーキでもかまいません。

クリスマスの時期にフランス人の友人の家に招かれた時、ホットワインと手作りのケーキを出してもらったことがあります。クリスマスの飾りつけも見られて、とても楽しかったのを覚えています。日本らしい行事を祝う時に外国人を招いたら、とても喜ばれると思います。

フランス人の友人と旅行の打ち合わせをした時、場所を提供してくれた女性が、パイをふるまってくれました。りんごを皮ごとスライスして、薄く伸ばしたパイ生地に乗せ、ジャムをかけてさっと焼いただけのものでしたが、とてもおいしくできていてびっくりしました。

高級パティシエのケーキもいいですが、簡単にできておいしく、しかも材料費が安価なものが、フランス家庭のおもてなしだと感じます。

こんなふうに、気負わずさりげないおもてなしを楽しみたいですね。

コラム

フレンチ・カクテル・パーティ

ランチやディナーにお呼びするほどでもないけれど、お茶だけでは物足りない。そんな時にぴったりなフランス流おもてなしが、「カクテル・パーティ」です。

午後4時半から5時前後に、シャンパーニュやカクテルでおもてなしをします。もてなしを受ける側は、手ぶらで気軽に立ち寄ります。

カクテルと聞くと少しハードルが高いように感じるかもしれませんが、カシスやオレンジなどのリキュール類と、ソーダ水、トニックウォーター、ジンジャーエールなどの割りものと、氷を用意すれば手軽にすぐできます。

オードブルを美しく盛りつけて、花を飾り、冬ならキャンドルなども灯して、音楽も忘れないでください。飲み物は2杯がめどです。

〈グラン・マルニエのカクテルレシピ〉

グラン・マルニエはフランスのリキュールです。カリブ海諸島産のビターオレンジのピールが、最高品質のコニャックにブレンドされています。柑橘系の香り、甘さ、さらにビター感もあり、フレンチオーク樽で5年間熟成させたコニャックのふくよかさと相まって、独特のアロマと深い味わいを生み出しています。カクテルもいいですが、シンプルにロックにしてもおいしいです。チョコレートやチーズによく合います。

グラン・マルニエ・ソーダ

- グラン・マルニエ：40ml
- ソーダ水：100ml
- ライムの輪切り：1枚

氷を満たした大きめのグラスに、グラン・マルニエを注ぎ、ライムの輪切りを加え、最後にソーダ水を注いで混ぜる

グラン・マルニエ・トニック

- グラン・マルニエ：40ml
- トニックウォーター：100ml

・ライムの輪切り：1枚
ソーダ水の代わりにトニックウォーターで割る

パリ・ミュール
・グラン・マルニエ：40ml
・ジンジャーエール：100ml
・ライムの輪切り：1枚

グラン・マルニエ・オランジェ
・グラン・マルニエ：40ml
・オレンジジュース：適量
オレンジの輪切りを飾ると美しい

グラン・ベリー
・グラン・マルニエ：40ml

・クランベリージュース：適量

グラン・モヒート
・グラン・マルニエ：40〜45ml
・ミントの葉：10枚
・レモンジュース：25ml
・ソーダ水：適量
氷を入れたグラスにミントの葉を入れる。グラン・マルニエ、レモンジュース、ソーダを順に入れて混ぜる

カクテル・パーティに欠かせないのがオードブル（おつまみ）です。いくつか用意して、銀のお盆か細長い陶器のお皿にきれいに並べます。野菜スティック、オリーブ、チーズ類、そしてフランスパンを添えましょう。

おつまみは原則として手でいただくため、一口サイズにしておきます。ホストはお盆を手に持ちながら、ゲストにオードブルを勧めます。ゲスト用にリネンのナプキンがあると

いいですが、なければ上質な白い紙ナプキンを用意しましょう。

〈キッシュロレーヌ〉

ドイツとの国境に近い、フランス北東部のロレーヌ地方で生まれたフランス料理です。ワインのおともに最適ですが、子どものおやつにもなります。火が強すぎると卵が固くなるので、注意しましょう。ベーコンの代わりに、塩ザケを焼いてほぐしたものやカニの缶詰にキルシュを振ったものを入れても、おいしくできあがります。

材料

- 小麦粉：150g
- バター（冷やしておく）：75g
- 水：1／4カップ
- 塩：ひとつまみ
- 卵：4～5個
- ベーコン：100g

・生クリーム：1カップ
・塩、コショウ、バター：適量

作り方

①ボウルに小麦粉と塩を入れ、バターを手でもみほぐすようにして、手早く混ぜ、さらさらの状態にする
②真ん中をくぼませ、水を加減しながら加え、粘りが出ないように、ひとつにまとめていく。手のひらで1、2回押すようにしてラップに包み、30分ほど冷蔵庫で寝かす
③タルト生地を台の上で3㎜の厚さに伸ばし、バターを塗った焼き皿に張りつけたあと、フォークで全体に穴を開けて、オーブンで約10分焼く
④ベーコンは8㎜の角切りにし、半分焼いたタルトの上に並べる
⑤卵をといて、塩小さじ3分の1程度（ベーコンの塩味とバランスをとる）とコショウを少々振り、生クリームを混ぜ合わせ、ベーコンを散らしたタルトに流し込む
⑥中火のオーブンに入れ、表面に焼き色がつくまで20分ほど焼き、熱いうちに切り分ける

その他の簡単アイディアレシピ

〈オイルサーディン〉

オイルサーディンの缶詰を1、2個開けて、身を崩さないように皿に並べる。半月切りしたレモンをサーディンの間に挟む

〈ドライソーセージ〉

ミラノソーセージ、コッパ、ナポリなどを薄切りにして皿に並べ、バターを添える

〈ラディッシュバター〉

ラディッシュはひげをとり、葉の部分をきれいに整える。葉つきのままよく洗い、水気を切って盛りつけ、塩とバターを添える

〈カリフラワーのオーブン焼き〉

カリフラワーを一口サイズに切って、軽くゆでる。バターを塗ったガラスのグラタン皿に、カリフラワーと角切りにした厚切りベーコンを散らす。ホワイトソースをかけ、とろけるチーズを乗せる。オーブンで焦げ目がつくまで焼く

〈カナッペ3種〉

・生シイタケを薄切りに、玉ねぎはみじん切りにし、バターで炒める。塩、コショウで味付けし、生クリームを加えて火を止める。これを、トーストしてバターを塗ったパンに乗せ、おろしたグリュイエールチーズを振りかけて、オーブンで4、5分間焼く

・アンチョビをフォークの背でつぶし、バターを加えて練り合わせる。パンに塗って、真ん中にオリーブの輪切りを乗せる

・小さなボウルにロックフォール(フランスの代表的なブルーチーズ)を入れ、クリーム状になるまで練る。そこにバターを加えて、柔らかくする。パンに塗って、アーモンドの薄切りを乗せる

スイーツレシピ:オレンジケーキ(Gâteau à l'orange)

フランス人の友人に作り方を教えてもらって以来、何度も作ってきましたが、いつも好評です。オレンジの香りがたっぷりの、おいしいケーキです。誰でも簡単に作れるので、

ぜひ試してみてください。

材料（直径20cmの丸型1台分）

・オレンジ：2個
・小麦粉：150g
・ベーキングパウダー：小さじ1
・砂糖：150g
・バター：120g
・卵：3個
・砂糖：100g

作り方

①オレンジ1個の皮は表面だけ軽くすりおろす。汁は搾っておく。小麦粉とベーキングパウダーを合わせてふるっておく
②ボウルに砂糖150gを入れ、溶かしバターと卵を加え、クリーム状になるまで混ぜる。ここに①のオレンジの皮と、オレンジの汁1個分を加えて混ぜる

③小麦粉とベーキングパウダーを②に入れて、混ぜ合わせる。バターを塗った型に流し込む。中火のオーブンで約30分焼く。火加減は弱めのほうがよく膨らむ

④小鍋に砂糖ともう1個のオレンジの汁を入れて、砂糖が煮溶けるまで2、3分火にかけてシロップを作る。焼きあがったケーキを皿に返して型から取り出し、シロップを最初は底からたっぷりかけ、ひっくり返して上からもう一度かけ、両面によく染み込ませる。同じサイズの皿を2枚用意して、ケーキを挟むようにしてひっくり返すとやりやすい。冷ましてから切り分ける

※友人のレシピはここまでですが、以下は私のアレンジで、さらに絶品になります。

④の工程で砂糖とオレンジの汁を火にかけたあと、火を止める直前にカクテルレシピのページでも触れたグラン・マルニエを大さじ1ほど入れる。クレープをオレンジソースで煮たフランスのデザート、クレープシュゼットのような味わいになり、一流レストランに負けないおいしさです。

CHAPTER 6

フランス人は なぜ結婚しないのか (人生観)

3つのことがうらやましい、フランス人女性の働き方

フランス人女性の働き方で、うらやましいことが3つあります。
まず、ほとんどの女性が仕事を持っていること。しかも、一生働くという意識で仕事に取り組んでいること。そして、子どもが生まれても会社を辞めなくていいことです。

フランス人女性のほとんどが仕事を持っているということは、言い換えれば、結婚していようと子どもがいようと、仕事を得る機会が多いということです。フランスには結婚や出産を機に仕事を辞めるという発想がありません。「働きに出たいけど、託児所が見つからないから、仕事への復帰を諦めるしかない」なんてことはないのです。

ふたつ目の一生働くという意識で仕事に取り組んでいるというのは、今現在と3年後の自分、40歳までにどうなりたいかなど、現在と未来に対して明確なイメージを持って、仕事を選んでいるということです。最初から、自分は将来どんな仕事をしていきたいかというヴィジョンがあるため、長く続けることができるのです。

こうした先を見据えた人生設計は、定年後も続きます。たとえば、定年後にブドウを栽培してワインを作るために小さいシャトー（ワイナリー）を買うといった夢を、実現する人もいます。

また、自分が得意とする、あるいは興味のあることで人の役に立とうと、定年後に社会貢献をする人も多くいます。老後も常に社会と関わりを持っているのです。たとえば、知り合いのフランソワーズ・モレシャンさんは今は環境問題に熱心に取り組んでいます。

３つ目の、子どもがいても会社を辞めなくてすむというのは、フランスでは法律で、産休後も休暇前と同じポストと給料が保証されているため、安心して育児休暇がとれるということです。フランスでは託児所に加え、ベビーシッター制度が充実しているため、小さい子どもを気軽に預けることができ、仕事だけではなくパートナーと映画や食事に行くこともできます。

家に縛られることなく、子育てをしながら働き、キャリアを積み上げられるフランスが、本当にうらやましいです。

まったく同じシステムを日本に導入しても、うまくいかないかもしれません。フランスの女性たちはプライベートの時間と働いている時間、さらに親である自分と個人としての自分のバランスをとるのが上手ですが、日本の私たちはどうでしょうか。私もそうでしたが、短い時間でも子どもを人に預けることに罪悪感を抱かずにいられる女性はまだまだ少ないのではないでしょうか。

とはいえ、育児休暇後の女性が元のポジションに戻れてキャリアを積んでいける仕組みは日本でも作るべきですし、そのためには日本人女性たちも立ち上がらなければなりません。

フランスもかつては、女性の立場が低かった時代がありました。しかし、1970年頃のフェミニズム運動に始まり、女性たちはストレスなく働くための法律や制度を、自分たちの力でひとつずつ勝ち取ってきたのです。

私はこれまでさまざまな国で生活をしてきましたが、日本人女性は本当にすばらしいと思います。それなのに、世界経済フォーラムが公表している「世界男女格差（ジェンダーギャップ）指数ランキング2020」で、日本は史上最低の121位という不名誉な記録を更新しました。

日本人女性は意識や知性が高く、さらに細やかさと思いやりを兼ね備えているという、世界から賞賛される特性を備えています。それなのに、男性が作った古いシステムに抑え込まれ、社会で本来の能力を発揮できずにいるのはとても残念です。

私は専業主婦を卒業して、自分でお金を稼いでいくことの大切さを知りました。これから死ぬまで自分でお金を稼いでいくつもりです。少なくとも、生活の基本となるお金だけはいくつになっても自分で稼ぎたいと思っています。

それは、やりがい以前に、いやなことをいやと言うためでもあります。自分の、人間としての尊厳を守るためなのです。

専業主婦が悪いというつもりはまったくありません。でも、経済的に自立していれば、それだけ自由に選択できる幅が広がります。

たとえば、自分の考えを実現したいと思った時に、夫に経済的に依存した状態では、夫にお金の工面をお願いしなければなりません。一方、自立していれば、自分のお金を使って、夫と対等な立場で夢を実現できます。また、経済的理由で不幸な結婚を続ける必要もなくなります。

子どもは平均3人以上が当たり前

「三つ子の魂百まで」ということわざがあります。比較的最近まで、日本では幼い時の教育が何より大切であり、子どもが3歳になるまでは、母親が家にいて子育てに専念するべきだという意味に解釈されてきました。

父親が働き、母親は家庭で子育てをするというのが、戦後日本の理想的家族のように思われていました。

今でも日本では、母親に対するプレッシャーが大きいと思います。

「子どもは社会が育てる」という考え方が広がっているフランスでは、子育てを母親だけに押しつけるようなプレッシャーは一切ありません。子どもがいる世帯を優遇する社会的な仕組みができており、若い人でも安心して子どもを持つことができます。

たとえば、日本では児童手当の支給は中学卒業までですが、フランスでは20歳までです。

３人以上の子どもを持つ世帯には補足手当が出ますし、保育費の控除も多いので、安心して子どもを預けて出かけたり、仕事をしたりすることができます。

幼児虐待や育児ノイローゼといった話も、フランスではあまり聞きません。育児に専念する母親が、ストレスに押しつぶされるといった状況が起こらないからです。

その根底には、妻や母親になっても、自分は自分。仕事を通じて社会的役割を果たし、人生を充実させて楽しみたいという思いが、フランス人女性には強くあるからでしょう。

フランス人の友人と会うと、お互い子どもがいても、子どものことはほとんど話題に上がりません。

日本の場合、女性は母親になると何をするにも子ども優先で、夫のことを構わなくなる傾向が強いと言われます。夫側も育児を手伝わなかったり、妻を女性として扱わなくなったり、会社の飲み会を優先したりなどして、夫婦のすれ違いは増えるばかりです。

フランス人男性はいくつになっても、妻にはひとりの人間、ひとりの女性としての魅力や知性を求めていますし、それを評価しています。フランスの出生率が高いのは、国の手厚い子育て支援のおかげだけでなく、こうしたフランス人男性の意識が原因しているとも思います。

現代の日本人女性の意識は、フランス人女性に近づいていると思います。ただ日本人男性の意識が追いついていません。子どもは親を見て育つので、まずは母親と父親が意識を変え、それを子どもに見せていくことが大切だと思います。


フランス式と日本の良妻賢母式の、どちらが子どもにとっていいかはわかりません。子育てに専念し、毎日しっかりと子どもと向き合う生活もすばらしいと思います。

ただ、せっかく積み上げてきたキャリアを失いたくないからと子どもを持つのをためらったり、経済的負担が大きすぎるからと子どもを持つことを諦めたりするのは、本当にもったいないことです。

私は子どもを持ったことで、これまで想像しなかったような体験ができましたし、忍耐強くなりました。

日本の若い女性の中には、キャリアを積むために婚期や出産を遅らせる人もいますが、フランスのように、ストレスなく育児と仕事をうまく両立できるような制度と意識改革ができるといいなと、心から願っています。

人を愛するのに結婚という手続きは不要

日本では少子高齢化の問題が深刻になっています。２０１８年の出生率は１・42％で、世界で１８４位だそうです。そんな時、必ずといっていいほどフランスの出生率の高さがとりあげられます。２０１７年のフランスの出生率は１・88％で、ＥＵ加盟国で最も高い水準です。

フランスの出生率はどうして高いのか。それは、結婚という形にこだわらないからです。フランスでは、恋愛の最終目的は結婚ではありません。人を愛するのに結婚という手続きは不要というスタンスです。そして愛し合った結果、子どもができたとしても、結婚しているカップルと同様に政府から支援を受けて、子どもを育てることができるのです。

フランス人は好きになったら、すぐに一緒に住み始めます。

結婚を前提に同棲するわけではありません。深く愛し合うことと、結婚とは別物なのです。

妊娠したとしても、子どもができたという理由では結婚しません（そもそも女性は避妊のためにピルを使っていますが）。

そして、愛が冷めたらすぐに家を出ていきます。日本人から見たら節操がないようにも思えるほど、愛し合ったり、離れたりを続けています。

子どもが欲しいから結婚する、あるいは、子どもがいるから離婚できない。そんな女性も多いことでしょう。でも、フランスでは婚外子と嫡子の差別がなく、さまざまな支援が受けられるため、子どもを産んだり、育てたりすることを目的に結婚をする必要はないのです。

結婚も、同棲もせずに、子どもを産み育てる女性も多くいます。婚外子の比率はなんと6割近くで、親が結婚している子どものほうが少ないのです。

フランスでは教育費を国が負担してくれるので、ひとり親世帯でも子どもを立派に育てることができます。そもそもフランスには、結婚せずとも、子どもは国が育てるという意識があり、手厚い育児支援体制が整っています。

ちなみに、3人目の子どもから扶助がさらに大幅に増えるので、子沢山になるのは必然ともいえます。

こうした手厚い制度もさることながら、そもそも、子どもを持つには結婚しなければならない、子どもができたら家庭に入らなければならない、という心のブロックがないことがやはり大きいと私は考えています。

そして、フランス人女性のほとんどが仕事を持っており、経済的に自立していることも関係しているでしょう。


女性が声を上げたことで、変わった制度もあります。

カトリック教徒の多いフランスではかつて、避妊や中絶は非合法行為で処罰の対象でした。

望まない妊娠をした女性の多くが、スイスで密かに中絶手術を受けていたそうです。

1970年代にフェミニズム運動が盛んになると、カトリーヌ・ドヌーヴら著名人も声を上げ、1975年には人工妊娠中絶を認めるヴェイユ法が成立しました。フランスの女性が戦った結果、生まれた制度なのです。

そんなフランスも、もともとは出生率の低さに悩んでいました。

日本人女性が、そして自分たちの子どもたちが幸せになるためには、待っているだけでは何も変わりません。フランス人女性のように、女性自身が意識を高めて協力し合い、幸せのためにできることはないでしょうか。

たとえば法律や制度を制定するように働きかけるなど、いろいろ模索していきたいですね。

結婚、パクス、事実婚……。フランスにはいろいろなカップルがいる

フランス、特にパリなどの都市部には、さまざまな形態のカップルがいます。つまり、いろいろな幸せの形が存在するということです。

それを可能にしているのが、連帯市民協約（ＰＡＣＳ／パクス）です。結婚より規則が少なく、同棲を続けている事実婚カップルも法的権利を享受できるように、１９９９年に整備された準結婚制度です。

これにより、結婚をしていないカップルでも財産の共有が認められ、パートナーとして優遇措置を受けられるようになりました。

この制度が生まれた背景にあるのが、結婚を躊躇するカップルの増加でした。カトリック教徒が７割を占めるフランスでは、結婚も離婚も審査が厳しく、承認されるまでにとてつもない時間と労力がかかります。しかし、パクスは手続きがラクで、簡単な書類を提出するだけです。

また、同性同士のカップルが多いことも、この制度を求める声を大きくしました。もともと、70年代からのＬＧＢＴ運動の高まりを受け、同性カップルの共同生活を保障するために整備されたという一面もあります。

かつて、事実婚カップルはなんの法的地位も保証されていませんでした。たとえば、住居を所有するパートナーが亡くなった場合、どれだけ長年連れ添おうと、残された側には住居に関する法定権利がまったくなかったのです。

しかし、パクスが成立したことで、遺族年金こそ得られませんが、財産分与はなされるようになりました。今ではさまざまなカップルがこの制度を利用し、幸せな共同生活を送っています。

結婚・パクス・同棲中の事実婚カップルの割合は、それぞれ3分の1ぐらいだと言われています。つまり、結婚を選択しないカップルが3分の2もいるわけです。

ちなみに２０１３年には同性婚も合法化されました。２０１８年に結婚したカップルは23万４７３５組なのに対し、パクス法を利用したカップルは20万８８７１組で、そのうち同性カップルは８５８９組だそうです(フランス国立統計経済研究所)。

日本にも事実婚カップルや同性カップルはいますが、どれだけ長く同棲していても、社会保障や財産権といった法的権利は認められません。結婚という法律手続きを踏まなければ、他人も同然なのです。

最近は日本でも、シングルペアレントはめずらしくありません。子どもは欲しいけれど、結婚はしたくないという女性もいるかもしれません。家族の形態は多様化しつつあるのに、日本ではそのための法制度がまったく追いついていない状態です。

既存の制度が自分の幸せのためには不充分だと思ったら、フランス人や、フランス人女性のスタンスを参考に、新しい形の幸せを模索してみてください。小さいアクションでも、多くの女性が動き出せば大きな力となるはずです。

パリの子どもは親をファーストネームで呼ぶ

子どもが親を呼ぶ時は、フランスだろうと日本だろうとパパ・ママだろうとずっと思っていました。でも、フランスではファーストネームで呼ぶこともめずらしくないのです。

結婚して子どもができると、日本では夫婦間でもパパ・ママと呼び合うようになるのが普通だったりします。それに慣れきっていた私は、特に小さい子どもが親をファーストネームで呼ぶことにとても驚き、不自然に感じました。そしてフランス人の友人に理由を尋ねました。

答えは、「連れ子カップルが多いから」ということでした。

親の離婚や再婚により、パパやママがふたり以上いることもありますし、兄弟でパパやママが異なったり、血のつながりがなかったりします。特にバカンスになると、一緒に住んでいない実の父親や実の母親と一緒に過ごしたりして、パパやママと呼んでいたのでは誰のことなのかわからず、ややこしくなってしまうそうです。

たしかに、名前で呼べば、混乱は起きません。いたって合理的な解決法です。個人を重視するフランス人らしいとも言えます。

恋愛を通じて人生を楽しんでいるフランス人は、別れたり、別の人と一緒になったりを繰り返します。

一見、子どものことを考えずに自分だけ楽しんでいるように見えなくもないですが、親が笑顔で幸せなら、子どもにも愛が伝わるでしょう。

日本でも近年、子連れ再婚が増えてきました。新しい家族に早く慣れるためにも、継父・継母をパパ・ママと呼ばせるべきだと考える人もいるかもしれません。でも、子どもは本当はいやなのかもしれないし、気をつかって呼んでいるだけかもしれません。

それぞれの家庭によって事情は異なるでしょうし、どういう呼び方が一番いいかはわかりませんが、世間体を気にするのではなく、自分たちに合った呼び方を、時間をかけて模索していくのがいいように思います。

ママじゃない時間を大切に～夜のレストランに子どもは入れない

ほかにもフランス人の友人の家に遊びにいって、驚いたことがありました。子どもがいるはずなのに、姿が見えないのです。

聞いてみると、外に遊びにいったわけではなく、実は自分の部屋でおとなしくしているのだと言います。大人が集まっている時は、じゃまをしないようしつけられていたのです。せっかく大人が集まっているのに、子どもがまわりにいると、どうしても子どもの話題になってしまいます。大人社会のフランスらしい、なかなかいいしつけだなと感心しました。

日本のレストランでは夜でも子どもを見かけますが、フランスではそういうことはほとんどありません。大人の世界と子どもの世界には、明確な線引きがあるからです。それはバカンスや週末も同じです。家では家族水入らずの時間も大切にしますが、夜の外出は大人だけの時間です。レストランに行く時は、子どもはベビーシッターに預けて、夫婦で食事を楽しむのです。

フランスにはファミリーレストランのようなカジュアルな飲食店が少ないですし、子連れお断りのレストランが多いというのもあります。でも、そもそもなぜお店側がそうなのかというと、子ども連れで食事をしたいというニーズが少ないからです。

子どもがいても夫婦だけの時間を持つことが当たり前になっているのは、うらやましい限りです。

日本でも、パートナーとの関係を大切にするために、また自分が自分自身に戻るために、ひとりの時間や妻としての時間が必要だと思います。

ぜひたまにはおしゃれをして、ご主人とのデートを楽しんでくださいね。

親がお金持ちでも子どもは独立する

パラサイト、ニートなど、子どもがいつまでも親に依存する問題がよく取り沙汰されます。母親はいつまでも子どものために料理・洗濯を行い、子どももそれに甘んじています。なかなか親離れ、子離れができないのです。

日本では赤ちゃんが生まれると、夜はお母さんが抱っこして一緒に寝るのが普通です。

ところがフランスでは、生後1カ月半くらいで、子ども部屋に置いた赤ちゃん用ベッドに寝かせます。

なぜかというと、母親と子どもが添い寝をすると、夫婦がベッドで過ごす時間を奪われてしまうからです。

産院でも「子どもがいても夫婦関係を大切にしなさい」とアドバイスするそうです。いわば生まれて間もない時から、親離れ、子離れができているのです。だから、出産を機にセックスレスになってしまうなんて問題もありません。


また、フランス人は子どもを厳格に育てます。フランスでは未熟な子どもであっても、あくまで「個人」と見なし、「子ども」扱いしません。

あなたはどう思うの、どうしたいのと、子どもの意見を尊重するのがフランス流のしつけです。きっとこうだろうと子どもの気持ちを察して、代わりにやってあげるようなことはないのです。

特に男の子に対しては、女の人を大事にするようしつけています。率先してドアを開けてあげたり、コートを脱ぐのを手伝ったりする父親の姿も見ているので、自然と身につく部分もあります。

こうした子育てをしていって、10歳にもなると子どもはすっかり独立した人間になり、しっかりと自分の意見を言えるようになります。そのため、フランスでは子育ては10年という感覚です。子どもがいつまでも実家に居座っている日本と比べると、フランスでの子育てはハードルが低いと言えるかもしれません。

フランスでは成人年齢が18歳ですし、大学の学費もほとんど国が負担するため、アルバイトをすれば自活できます。日本のように親からおこづかいをもらったり、毎月仕送りをしてもらったりする必要はありません。

就職すれば家を出るのが普通ですし、親も喜んで子どもを送り出します。

幼い頃からひとりの独立した人間として育てられると、たとえ家が裕福でも、親のすねをかじろうという発想が生まれないのです。

教育費が高い日本では、もちろんフランスと同じようにはいきませんが、子どもの独立心を育てたり、子どもがいても夫婦関係を大切にしたりする姿勢は、真似したいところです。

そのほうが、子どもにとっても親にとっても、最終的に幸せにつながる気がします。

オレオレ詐欺はフランスではありえない

フランスの親子関係は、日本人の目から見ると、ずいぶんさっぱりしているなと思います。とにかく、フランス家庭では子どもを甘やかさず厳しく育てます。

ごく幼い時は別ですが、親子は対等な立場であり、親は子どもを個人として扱うため、子どもは小さい時からあまり親に頼らないのです。もちろん、子どものために何かしてあげたいという親心はありますが、お金でどうこうしようとは思わないようです。

もちろん社会人ともなるとその線引きはもっとはっきりします。いつまでもおこづかいをあげたりする、なんていうのはフランスではありえません。親は簡単には子どもにお金を貸さないし、子どもも求めません。そのため、日本でいまだ被害が止まらない振り込め詐欺は、フランスではありえないのです。

フランスの親は、自分のお金は自分に使うことで、幸せにつながると考えています。

そして、フランスでは裕福な家庭ほど、子どもは若い時に家を離れ、実家に頼らずひとり暮らしをして経済的感覚を養っています。こうして独立したほうが、人間として、個人として、成長できるからです。

日本は昔、特に女性の場合は、結婚するまで親との同居が当たり前でした。でも、子どもといえども個人です。これからの時代は、独立心を持って、親も子もそれぞれが自分のためにお金を使って人生を楽しむほうが、お互いの幸せにつながる気がします。

老いても恋人は欠かせない

高齢化は日本だけの問題ではありません。フランスも長寿国のため、やはり高齢化が進んでいます。

日本では二世帯住宅に改装して、高齢の親と一緒に住むこともよくありますが、個人主義が徹底しているフランスでは、親が独立した子どもに頼ることはありませんし、晩年を子どもと一緒に過ごそうなんて、考えもしません。

私の友人のフランス人男性は、日本人女性と結婚しています。その奥さんはパリが好きで、子どもと彼の母親である義母と一緒にパリに住んでいました。友人の男性は日本が好きなので東京に住んでいるという、自由なカップルでした。

彼のお母さまはいつも、仲間と一緒にカードゲームを元気に楽しんでいたそうですが、90歳を過ぎて病気になり、奥さんがずっとお世話をしていたそうです。それでも実の息子である友人は、仕事でたまにパリへ行くことはあっても、日本を去ってパリに帰ろうとはしませんでした。

ついにお母さまが亡くなったと聞き、私は義母に尽くした奥さんはすごいなと思って、「奥さんはえらいわね」と友人に言いました。彼も「フランス人女性は決してあそこまではしない」と、彼女の献身を理解しているようでしたが、さらにこう言葉を続けたのです。

「母はうっとうしいと思っていた時もあったようだけどね。母には恋人もいたし」

フランス人はいくつになっても恋をしますし、90歳で恋人がいてもおかしくはありません。心配性の嫁がつきっきりでは、デートも自由にできなかったのでしょう。

奥さんとしては、嫁の務めとして当たり前のことをしたまでだと思いますが、子どもに頼る気がないフランス人のお母さまにとっては、ありがた迷惑な部分もあったのかもしれません。

年老いても、病気になっても、お話をしたり、お茶を飲んだりできる恋人がいるなんて、素敵だなと思います。

日本では、高齢になると、夫が子どもみたいにわがままになることが多く、妻が夫の世話をするのが当たり前ですが、フランス人男性は女性が老いても死ぬまで大切にします。大事にされると、女の人も優しくなれます。

そもそも高齢者の恋愛に対して、日本社会ももっと寛容になればいいなと思います。

もちろん、恋人がいないフランス人高齢者たちもいますし、寂しければペットとともに暮らします。フランスでは猫より圧倒的に犬が好まれ、女性は小型犬のチワワ、男性は大型犬のゴールデンレトリバーなどを飼うことが多いようです。

日本ほどではありませんが、フランスでもたまに、かつて有名だった女優がパリの小さなアパルトマンで孤独死していたなんてニュースが報道されることもあります。高齢化社会が抱える問題は、日本もフランスもあまり変わらないのかもしれません。

なぜフランス人は世界から一目置かれるのか？　それは、哲学が必須科目だから

1　時間から逃れるのは可能か

2　芸術作品の説明は何に役立つのか

3　ヘーゲル(Hegel)著『法の哲学』からの抜粋を解説せよ

「これ、いったい、何？」と驚かれたでしょう。

ある年のバカロレア入試の文学部門の問題です。これを、4時間かけて解かなければなりません。

バカロレア入試とは、高等教育修了、大学入試資格を得るためのとても大切な国家試験です。

経済社会部門、科学部門を選択した学生にもそれぞれ同じような哲学問題が出されます。日本の高校3年生は答えられるでしょうか。

昔から、日本の若い男性に比べると、フランスの若い男性は「大人の存在」に思えました。人の心理を理解しているのか、女性の扱い方が上手です。

どうしてだろうと、ずっと思っていました。

5、6年前、中島厚志氏（元独立行政法人経済産業研究所理事長）の講演会に行きました。中島氏はフランスに12年間も暮らし、高校生活のお話もしていました。その時、「あっ、これだ！」とわかったのです。哲学が高校の必修科目であり、バカロレア試験に必ず出ることを知って、妙に納得しました。

日本の高校でも、ソクラテス、プラトン、マキャヴェリ、デカルト、カント、ニーチェ、サルトルといった哲学者たちについては、ひととおり勉強します。たとえば、ソクラテスは「無知の知」、マキャヴェリは「合理的であることは、道徳的や倫理的より勝る」、フランシス・ベーコンは「知は力なり」、デカルトは「我思う、故に我あり」、サルトルは「実存主義」……などを説いたことは私も一応は知っていました。

しかし、それぞれの哲学者が、その時代に主流だった考えにどのような疑問を持って独自の考えにいたったかの過程について、また、その思想を持って社会とどう向き合ってきたかについては、深く学んだことはありませんでした。

しかし、フランスの17歳の高校生は1年間、哲学を叩き込まれます。知識を得るだけでなく、哲学者たちの考えを理解した上で、「自分はこう思う」という結論を出さなければならないのです。

フランス人が若くてもはっきりとした考えを持ち、人の心理を探究できるのは、哲学を学んだおかげだということがよくわかりました。

残念ながら日本では、哲学は義務教育の必修科目ではありません。大学入試に必要なのは、西洋哲学の流れの把握くらいです。

また、最近ではますます英語やＩＴの知識などが重要視され、すぐに役立つ科目に重きが置かれがちです。

フランス人の自由な精神、個を貫こうとする姿勢は、家庭や学校での教育によって育まれるのだな、と感じる場面がたくさんあります。

自分らしい生き方をするためには、自分の考えを持つことが大切です。ぶれない自分を確立できれば、人の意見に振り回されることもなくなります。そうすれば、人生のストレスは激減するのではないでしょうか。

人と比べても仕方がありません。

そして既存の価値観にとらわれず、少しずつ自分の頭で考えることを習慣づけていきたいものです。

あとがき

劣等感だらけだった私が、今のようにプラス思考になれたのはフランスのおかげです。若い頃はヒップだけでなく、足が大きいことも恥ずかしく思っていました。

でも、フランス人女性の多くが自分の容姿を受け入れ、自分に合ったファッションやメイクを楽しんでいました。高級ブランドに頼ることなく、色使いなどを工夫して、その人らしさをうまく出している姿は、当時の私には衝撃的でした。自分らしくあるためのコツをフランス人女性から学んだことで、私は些細なコンプレックスから抜けだし、徐々に「私らしさ」を出せるようになりました。

フランス人は人と接することが大好きです。性別、年齢、役職に関係なく、対等の立場で言いたいことを言い合い、忖度もしなければあと腐れもない人との付き合い方は、年長者や男性を立て、個人よりも集団の調和を大切にしてきた日本とはずいぶん違います。最初は驚きましたが、協調性ばかりを気にして自分を押し殺していては、ストレスが溜まります。調和を意識しつつも、個も大切にしようと、私は日々、フランスと日本のいいとこどりをしている気がします。

「私らしさ」を引き出してくれたフランスに恩返しをしたい。そんな思いから日仏芸術文化協会を創設したのは、20年前のことです。フランスと日本の文化の懸け橋になりたいとも思いました。質の高い芸術に気軽に接することができる場を提供し、アーティストの支援・育成を行うなど、さまざまな活動を通して自分らしく生きていることを実感しており、幸せを感じています。

ロボットデザイナーの松井龍哉氏やロボットクリエーターの高橋智隆氏を審査委員長に迎えた日仏ロボットデザイン大賞のコンクール開催も9回を数え、ローラン・ピック駐日フランス大使（当時）のご高配を賜り、協会創設20周年を記念するパーティソワレガラを2019年12月6日にフランス大使公邸にて開催することができたのは、大きな喜びとなりました。

フランス人女性が昔から自分らしく生き、ストレスフリーの生活を送っていたかというと、そうではありません。1970年頃の女性解放運動に始まり、女性たち自身が声を上げ、女性の地位を向上させるために戦い続けてきた歴史があります。

2021年発表の世界男女格差(ジェンダーギャップ)指数ランキングが話題になっています。上位は北欧の国々が占め、フランスは16位です。男女格差後進国の日本は、156か国中120位。「自分は女性差別をされたことがない」「国内ではそれなりにうまくやっているのだから、そんなに順位は気にしなくても」という声もありますが、ストレスの多さとジェンダーギャップは、けっして無関係ではありません。


私が知る限り、日本には素敵な女性が本当にたくさんいます。おしゃれで感性豊かで、心根が優しいですし、洗練された日本独自の文化を背景に、知らず知らずの間に賢く、美しく日常生活を送っています。

でも、高いポテンシャルがあるのにうまく引き出せていない、自由に生きられる時代なのに自分らしくあるための一歩が踏み出せない女性が、意外に多いような気がします。フランス人女性の生き方に魅せられ、劣等感がなくなったことで、私は前向きになれました。

いつもいる心地いい場所から別の世界へ行ってみると、自分のコンプレックスや弱みだと思っていたことが、逆に強みになったり、評価されたりします。それは、私が身を持って体験したことです。私には才能がないため、さまざまなプロジェクトを進めるためには努力も必要でしたが、「努力も才能のひとつですよ」と言ってくださった方がいました。こんな私にできたのだから、みなさんにもできるはずです。まずは一歩足を踏み出してみませんかとお伝えしたくて、この本を書きました。

フランス人女性は強すぎると感じる方もいるかもしれません。自分には無理だと思うかもしれません。でも、やり方は日本流でいいのです。優しく、でもきっちりと。自分の意識が変われば、まわりも自然と変わっていきます。どうか自分を偽らず、自分の心に正直にいてください。

最後に、この本の中に出てきたフランスの友人たち、とりわけアラン・ヴァクジアル氏、そして孫朋子様には敬意を表したいと思います。

本ができるまで、吉田浩氏、深谷恵美様、権田アスカ様に大変お世話になりました。

そして、本を出版まで導いてくださった楓書店の岡田剛氏に心から感謝いたします。

谷口 恵津子

【著者紹介】

谷口恵津子　たにぐち　えつこ

東京生まれ。青山学院大学卒業。大学在学中、フランスのグルノーブル大学語学研修へ。その参加をきっかけに、フランス人作家の絵画の販売やアドバイスを行うなど、日仏交流の活動が始まる。

商社マンと結婚。海外駐在が長く、その間にも国際的な交友関係が広がった。その時の経験を綴った『マダム・商社～海外の駐在員夫人たち～』（学生社）はベストセラーとなる。

1999年、日仏芸術文化協会を立ち上げ、東京都の認証を得る。

現在　協会主催の「日仏ロボットデザイン大賞」などのボランティア活動と共に、スタジオを運営。著名人、文化人、芸能人が多く来館している。


フランス人女性に学ぶストレスフリーの生き方

2021年5月26日　第1刷発行

著者　谷口　恵津子

装丁　小口翔平＋畑中茜（tobufune）

出版プロデュース　株式会社天才工場　吉田浩

編集協力　深谷恵美、権田アスカ

発行者　岡田　剛

発行所　株式会社　楓書店
〒151-0053　東京都渋谷区代々木1-29-5
TEL 03-5860-4328
http://www.kaedeshoten.com

発売元　株式会社　サンクチュアリ・パブリッシング（サンクチュアリ出版）
〒113-0023　東京都文京区向丘2-14-9
TEL 03-5834-2507 ／ FAX 03-5834-2508

印刷・製本　株式会社シナノ
©2021 Etsuko Taniguchi
ISBN978-4-86113-835-5
落丁・乱丁本は送料小社負担にてお取替えいたします。
但し、古書店で購入されたものについてはお取替えできません。
無断転載・複製を禁ず
Printed in Japan